Neunundneunzig
Nettigkeiten

Neunundneunzig Nettigkeiten

... aus der Küche von Birgit & Frank

„Nicht, dass meine Frau schlecht kocht, aber es kommen
fortwährend irgendwelche Pygmäen in meine Küche und
tauchen ihre Pfeile in die Suppe."

(Woody Allen)

V.i.S.d.P.:
Birgit und Frank Hrachowy
Jahnstraße 5a
63571 Gelnhausen

Copyright 2007
by Birgit und Frank Hrachowy

Herstellung und Verlag:
Books on Demand GmbH, Norderstedt

ISBN-13: 9783837011814

Inhaltsverzeichnis

Vorwort zum Kochbuch

Liebe Freunde – nun habt Ihr es endlich geschafft: wir veröffentlichen unser Kochbuch! Nach langem Drängen und zahlreichen Aufforderungen haben wir Euch hiermit unsere leckersten Rezepte zusammengestellt, die Ihr ja zumeist sowieso schon von Besuchen bei uns kennt. Kochen müsst Ihr jetzt allerdings selbst!

Wie gewünscht, haben wir kein dräges Sammelwerk verfasst, das lediglich um die Aufzählung möglichst vieler Kochanleitungen bemüht ist, sondern eher eine lockere Zusammenfassung der Rezepte, die wir im Laufe der Jahre von unseren Eltern und von Euch bekommen oder aus dem Ausland mitgebracht haben.

An dieser Stelle haben wir Euren Wunsch berücksichtigt, jedem Rezept einen kurzen belletristischen Teil anzufügen, der anekdotisch über Herkunft und Geschichte des Rezepts, aber auch über Tricks und Kniffe bei der Zubereitung Auskunft gibt. Auf Bilder haben wir verzichtet, denn dies hätte einen dem Mehrwert unangemessen höheren Verkaufspreis gefordert.

So wünschen wir Euch als unseren lieben Freunden nun viel Spaß beim Zubereiten und vor allem einen „Guten Appetit". Für Anregungen, Ergänzungen, Kritik und Lob sind wir stets empfänglich – kommt einfach mit Eurer Meinung auf uns zu. Ach ja, bevor wir es vergessen. Gewidmet ist das Buch natürlich: Euch!

Viel Spaß in der Küche wünschen
Birgit & Frank

II x Vorspeisen

„Kochen ist eine Kunst – und keineswegs die unbedeutendste."

(Luciano Pavarotti)

Toast Denmark

Forelle auf südfranzösische Art

Ländliche Pastete

Provencalische Champignons

Hähnchen in Sherry

Garnelen in Knoblauch

Artischocken mit Knoblauch-Vinaigrette

Fisch in Alufolie

Karamellisierter Lauch

Gefüllte Champignons

Tomaten mit Ziegenfrischkäse und Honig

Toast Denmark

Zutaten für 4 Personen:
4 Scheiben Toast
1 Apfel
4 Eier (gekocht)
0,125 Liter süße Sahne
2 Teelöffel scharfer Senf
2 Esslöffel Mayonnaise
1 Esslöffel gehackte Dillblätter
1 Päckchen Räucherlachs

Zubereitung:
Die Eier hart kochen und in Scheiben schneiden, die
Toastscheiben rösten. In der Zwischenzeit den Apfel schälen,
vierteln, vom Kerngehäuse befreien und in feine Spalten
schneiden. Sahne steif schlagen und mit dem Senf verrühren.

Die Toastscheiben mit Mayonnaise bestreichen, Dill darauf
streuen, den Lachs auf die Toasts legen. Die Eierscheiben und
die Apfelspalten mit der Senfsahne mischen und vorsichtig auf
den Lachs geben.

Birgit meint:
Als Vorspeise reicht ein halbes dieser üppigen Toasts, als kleine
Mahlzeit schafft man notfalls auch zwei davon. Dieses Rezept
habe ich von Susanne S. aus Alzenau, bei ihr hatten wir auch
das erste Mal das Vergnügen, diese durchaus festliche
Vorspeise zu probieren.

Forelle auf südfranzösische Art

Zutaten für 4 Personen:
2 Forellen
125 Gramm fetter Räucherspeck
50 Gramm Butter
Zitronensaft
Salz, Pfeffer

Zubereitung:
Die ausgenommenen Forellen gründlich waschen, den Kopf
abschneiden und mit einem scharfen Messer der Länge nach
teilen bzw. die Filets auslösen. Mit Zitronensaft beträufeln und
mit Salz und Pfeffer leicht würzen.

In einer Pfanne den Speck auslassen und die Forellenfilets auf
beiden Seiten darin braten. Vorsichtig wenden, damit die Filets
nicht auseinanderfallen.

Zum Schluss die Butter dazugeben. Wenn die Butter nicht mehr
schäumt – jedoch noch nicht bräunt –, die Filets herausnehmen
und nochmals leicht würzen.

Mit einem Zitronenviertel servieren. Dazu passt Baguette und
ein trockener französischer Weißwein.

Frank meint:
Zugegeben – das ist kein Rezept für Anfänger.

Gegessen haben wir dieses umwerfende Gericht, als ich noch Kind war und wir im südfranzösischen Millau von unseren Gastgebern in ein abgelegenes Landhaus eingeladen wurden.

Dieses sommerliche Essen blieb fest in familienkollektiver Erinnerung, denn es bestand aus elf Gängen südfranzösischer Leckereien, die – über den gesamten Abend verteilt – den zahlreichen Gästen gereicht wurden.

Wem das Ausnehmen und Filetieren der Forellen zu viel Arbeit macht, der kann ja zur Not auch auf tiefgefrorene Fischfilets zurückgreifen.

Und auch wenn es auf den ersten Blick ungewöhnlich klingt, wenn Speck, Butter und Fisch zusammenkommen: Probiert das Rezept aus, denn es lohnt sich!

Eigene Notizen:

Ländliche Pastete

Zutaten für 8 Personen:
400 Gramm Schweinenacken
200 Gramm fetter Speck
1 Esslöffel Olivenöl
1 Knoblauchzehe
2 Zwiebeln
300 Gramm Schweineleber
80 Gramm Champignons
1 Apfel
1 knappe Tasse Weißwein
2 Esslöffel gehackte Kräuter wie Thymian, Petersilie, Rosmarin
und Majoran
Salz, Pfeffer
1 Schuss Calvados
0,2 Liter süße Sahne
1 Ei

Außerdem:
250 Gramm schwach geräucherter, durchwachsener Speck in
sehr dünnen Scheiben
5 Wacholderbeeren
1 Lorbeerblatt
1 Strauß Rosmarin

Zubereitung:
Schweinefleisch und fetten Speck in grobe Würfel schneiden
und in eine Schüssel geben. Das Olivenöl in einem flachen Topf
erhitzen, Knoblauch und Zwiebeln hacken und darin
anschwitzen, Leber würfeln, beigeben und kurz dünsten.
Champignons in Scheiben schneiden, den Apfel würfeln,
untermischen und mitdünsten. Die Leber muss rosa bleiben. Mit
dem Weißwein ablöschen, vom Feuer nehmen und auskühlen
lassen.

Kräuter, Leber, Salz, Pfeffer und Calvados mit dem Speck und dem Fleisch mischen, über Nacht abgedeckt kalt stellen. Am nächsten Tag die Masse durch den Fleischwolf (5 mm-Scheibe) drehen. Anschließend die Sahne und das Ei unterrühren.

Terrinenform bzw. Kastenbackform mit dem dünn geschnittenen Speck auslegen, Masse einfüllen, mit Speckstreifen bedecken und Wacholderbeeren, Lorbeerblatt und Rosmarinzweig auflegen. Die Form abgedeckt ins Wasserbad stellen und im vorgeheizten Ofen bei 120 Grad Celsius 50–60 Minuten pochieren.

Frank meint:
Kleiner Tipp: In ein Wasserbad sollte man immer ein Stück Karton auf den Boden legen, damit die Form von unten nicht zu heiß wird.

Zur Pastete schmecken Preiselbeeren äußerst lecker, die es längst in jedem gutsortierten Lebensmittelgeschäft zu kaufen gibt.

Dieses Gericht lässt sich auch problemlos verändern, indem man die Fleischsorte variiert. Zum Beispiel eignen sich Kaninchenfleisch und Hühnerleber sehr gut dafür.

Birgit meint:
Als sehr begabter Pastetenmacher hat sich Patrick H. erwiesen, der bereits einige Male im Herbst zum Kochen angerückt ist (sogar mit eigener Kochschürze!). In der Zwischenzeit hatten die Frauen für das Abendessen in Form eines Bleches Pizza gesorgt, denn die Pastete musste ja erst mal in aller Ruhe abkühlen.

Also Geduld mit der Pastete – dann wird sie lecker!

Provencalische Champignons

Zutaten für 4 Personen:
400–500 Gramm kleine Champignons (am liebsten die braunen)
2 Esslöffel Zitronensaft
3–4 Esslöffel Öl
2 Knoblauchzehen
1–2 Lorbeerblätter
Salz, Pfeffer
Basilikum
Zitronenmelisse oder Petersilie

Zubereitung:
Die Pilze von Wurzelansätzen und braunen Stellen säubern, gut
waschen, abtropfen lassen und mit einer Mischung von
Zitronensaft und etwas Wasser beträufeln. Öl mit zerdrücktem
Knoblauch und Lorbeerblättern in einer Pfanne erwärmen, die
Pilze zugeben, Deckel auflegen.

Bei mäßiger Hitze circa 10 Minuten dünsten. Zwischendurch ab
und zu mal umrühren, salzen, pfeffern. Nach dem Erkalten mit
feingehackter frischer Petersilie oder Zitronenmelisse und
Basilikum bestreuen.

Birgit meint:
Sehr lecker auf einer Vorspeisenplatte. Die Pilze werden
eigentlich kalt gereicht, können aber auch lauwarm gegessen
werden.

Im Kühlschrank halten sie noch zwei bis drei Tage – aber
meistens bleibt sowieso nichts übrig.

Hähnchen in Sherry

Zutaten für 4 Personen:
2 Hähnchenbrustfilets
Salz, Pfeffer
1 Prise Zucker
2 Esslöffel Olivenöl
0,15 Liter trockener Sherry
0,15 Liter Hühnerbrühe
1 Knoblauchzehe
1 kleiner Zweig frischer Rosmarin
50 Gramm grüne Oliven

Zubereitung:
Die Hähnchenbrustfilets in mundgerechte Stücke schneiden und im Olivenöl scharf anbraten. Sherry und Brühe zugießen, feingeschnittenen Knoblauch und Rosmarinnadeln zugeben und solange auf kleiner Flamme köcheln, bis die Flüssigkeit zu einer honigähnlichen Konsistenz reduziert ist. Das dauert zwar einige Zeit, ist aber unverzichtbar.

Die in Ringe geschnittenen Oliven hinzugeben und kurz mit anwärmen. Mit Reis oder Baguette servieren.

Birgit meint:
Dieses spanische Rezept ist ein Renner unter unseren Tapas. Eine nette kleine Vorspeise mit ungewöhnlichem Geschmack.

Die Zubereitung ist ganz einfach, benötigt aber ein bisschen Zeit. Die Vorspeise wird kalt oder lauwarm gereicht.

Garnelen in Knoblauch

Zutaten für 4 Personen:
250 Gramm Garnelen mit Schale
1 Tasse Olivenöl
1 Chilischote oder etwas Chilipfeffer
1 Lorbeerblatt
Salz, Pfeffer, Zucker
1 Spritzer Zitronensaft

Zubereitung:
Die Garnelen auftauen lassen. Danach den Ofen mit Oberhitze auf 200 Grad Celsius vorheizen.

Das Öl, den feinstgehackten oder gepressten Knoblauch, die mit einem Messer angeritzte Chilischote und das Lorbeerblatt in eine feuerfeste Form (am besten aus Gusseisen) geben und ohne die Garnelen in den Ofen stellen, bis das Öl und die Form richtig heiß geworden sind.

Dann herausnehmen und mit den Garnelen, dem Spritzer Zitronensaft und einer Prise Zucker wieder für 3 Minuten in den heißen Ofen stellen. Danach sofort heiß brutzelnd mit frischem Baguette und einem kalten trockenen Weißwein servieren.

Frank meint:
Ein noch einfacher zu bereitendes und gleichzeitig
wohlschmeckenderes Gericht ist wohl kaum zu finden.
Baguette sollte reichlich vorhanden sein, um das Knoblauchöl,
in dem die Garnelen frittiert wurden, aufsaugen zu können.

Das Gericht kann natürlich auch mit bereits geschälten
Garnelen zubereitet werden, dann ist es aber nur der halbe
Genuss.

Wer noch nie eine Garnele gepult hat, der gehe
folgendermaßen vor: Garnelenkopf abknicken, abreißen und
gegebenenfalls auszutzeln. Die Garnele langziehen, dann
sämtliche Beine auszutzeln und abbeißen. Jetzt lässt sich die
Garnele von unten aufklappen und der Panzer leicht entfernen.

Kleine Anmerkung für Anja L.: Natürlich passt ein kleiner Pernod
vorneweg ganz außerordentlich gut zu dieser Vorspeise. Dann
schmeckt es wirklich wie Urlaub in Südfrankreich!

Hier ist Platz für die Kommentare begeisterter Gäste:

Artischocken mit Knoblauch-Vinaigrette

Zutaten für 4 Personen:
Pro Person 1 gekochte Artischocke oder
insgesamt 1 Dose Artischockenherzen
4 Knoblauchzehen
1 kleine Zwiebel
1-2 Esslöffel Essig
2 Esslöffel Öl
1 Prise Zucker
1 Messerspitze Senf
Salz, Pfeffer

Zubereitung:
Knoblauch grob hacken, Zwiebel sehr fein schneiden, Essig, Öl,
etwas Zucker, Salz und Pfeffer sowie eine Messerspitze Senf
vermischen und etwas durchziehen lassen.

Vor dem Servieren die gekochten Artischocken oder die gut
abgetropften Artischockenherzen auf einem Teller anrichten
und mit der Vinaigrette begießen. Dazu Toast oder Baguette
reichen.

Birgit meint:
Am besten zu mediterranem Essen oder zu einem
französischen Menü anbieten. Diese Vorspeise lässt sich auch
gut mit einem anderen Salat ergänzen/variieren und ist durch
die Artischocke etwas nicht Alltägliches.

Fisch in Alufolie

Zutaten für 4 Personen:
Pro Person ein Stück Fischfilet (nach Geschmack und
Verfügbarkeit)
4 Scheiben Zitrone
4 Peperoni
4-8 Oliven
Olivenöl
Salz, Pfeffer

Zubereitung:
Alufolie in Stücke (circa 30 x 30 cm) schneiden und pro Person
ein Päckchen vorbereiten. Dazu die Filets salzen und pfeffern,
mit Zitronensaft beträufeln. Den Fisch in die Mitte der Alufolie
legen, darauf die Zitronenscheibe, 1 Peperoni und einige Oliven
geben. Alles nochmals würzen und darüber etwas Olivenöl
träufeln.

Die Alufolie nach oben hin einschlagen, dann
zusammenzwirbeln. Bei circa 180 Grad Celsius in den
vorgeheizten Backofen geben und rund 20 Minuten garen. Dazu
Weißbrot reichen – kommt jedesmal gut an.

Birgit meint:
Ein nettes Vorspeisenpäckchen mit Überraschungseffekt –
leicht und immer wieder wandelbar. Lässt sich gut vorbereiten
und braucht nicht lange!

Wir haben das irgendwann selbst „erfunden" und holen diese
Fischvorspeise immer mal wieder aus der Trickkiste. Gut auch
für figurbewusste Gäste. Kurz um: Eine schnell zubereitete
Vorspeise, die mehr hermacht als sie den Gastgeber in der
Küche beschäftigt.

Karamellisierter Lauch

Zutaten für 4 Personen:
2 Stangen Lauch (Porree)
1 Teelöffel Salz
1 Esslöffel Zucker
50 Gramm Butter

Zubereitung:
Den Lauch hinten abschneiden, so dass möglichst wenig grüner Stängel übrig bleibt. Vorne die Spitze abschneiden. Die Lauchstange einmal quer und die beiden entstehenden Stücke jeweils einmal längs durchschneiden. Es liegen nun vier halbzylinderförmige Lauch(bündel)stücke bereit.

Diese Stücke mit Zwirn zusammenbinden, damit sie nicht auseinanderfallen können. Rund 15–18 Minuten in Salzwasser auf kleiner Flamme köcheln, bis der Lauch bissfest ist.

Den Lauch herausnehmen, abtropfen lassen, mit Küchenkrepp trockentupfen und vorsichtig aus dem Zwirn auswickeln.

In der Pfanne die Butter und den Zucker aufköcheln lassen, dann die Temperatur auf mittlere Stufe herunternehmen. Die Lauchstücke, ohne dass sie auseinanderfallen, vorsichtig in die Pfanne geben und von beiden Seiten leicht anbräunen. Vorsicht: Die Stangen werden schnell dunkelbraun oder schwarz, dann sind sie bitter und ungenießbar.

Zum Schluss mit etwas Salz würzen und sofort warm servieren. Hierzu ein Stück Lauch auf einen vorgewärmten Teller geben und etwas von der heißen Buttersauce darüberträufeln. Dazu Baguette reichen.

Frank meint:
Karamellisierter Lauch ist ein gleichermaßen ungewöhnliches
wie bewährtes Rezept meiner Mutter, das ich noch aus meiner
Kindheit kenne.

Der sonst als recht derbes Gemüse völlig ungerechtfertigt in
Verruf geratene Lauch (Porree) zeigt hier seine geschmacklich
überaus noble Seite, die man in dieser Intensität eigentlich gar
nicht erwartet.

Konkret: Durch seinen dezenten Geschmack, der mit Salz,
Butter und dem Zucker perfekt abgerundet wird, lässt sich
dieser karamellisierte Lauch durchaus mit einem guten Spargel
in einem Atemzug nennen.

Unbedingt ausprobieren!

Raum für eigene Notizen:

Gefüllte Champignons

Zutaten für 4 Personen:
700 Gramm große Champignons / 2-3 Stück pro Person
2 Esslöffel Butter
2 Esslöffel gehackte Schalotten
1 Knoblauchzehe
2 Tomaten
2 Eigelb
0,1 Liter süße Sahne
2 Esslöffel gehacktes Basilikum und Kerbel
Salz und schwarzer Pfeffer

Zubereitung:
Von den gewaschenen Champignons die Stiele entfernen und
diese in kleine Würfel schneiden. Die Champignonköpfe für
später beiseite stellen. Die Schalotten sehr fein würfeln. Den
Backofen vorheizen.

Die Butter in einer Pfanne schmelzen, darin die Schalotten und
den gehackten Knoblauch anschwitzen. Dann die
Champignonwürfel dazugeben und alles 5 Minuten dünsten, bis
sich die Flüssigkeit verflüchtigt hat.

Die Tomaten in Würfel schneiden (im Originalrezept steht, man
soll sie vorher enthäuten – das spare ich mir aber) und ohne die
Kerne in die Pfanne geben.

Die Eigelbe und die Sahne mischen, in die Pfanne einrühren und
vom Feuer nehmen. Danach nicht wieder aufkochen lassen! Die
gehackten Kräuter dazugeben und mit Salz und Pfeffer würzen.

Die Champignonköpfe mit dieser Masse füllen und in eine
gebutterte Form geben. Circa 20 Minuten bei 180-200 Grad
Celsius backen, bis sie schön überkrustet sind.

Birgit meint:
Die Champignons schmecken ausnehmend lecker und passen auch gut auf eine Vorspeisenplatte. Wer es sehr gut meint, kann 5 Minuten vor Backende noch etwas geriebenen Käse auf die Champignons streuen.

Wir haben dieses Rezept auch schon abgeändert ausprobiert. Beispielsweise Hackfleisch scharf angebraten, dann die Füllmasse wie oben zubereitet (mit dem gebratenen Hackfleisch natürlich) und dazu Nudeln gegessen. So wird eine Hauptspeise daraus.

Eigene Varianten kannst Du hier vermerken:

Tomaten mit Ziegenfrischkäse und Honig

Zutaten für 4 Personen:
350 Gramm größere Kirschtomaten
300 Gramm Ziegenfrischkäse
2 Esslöffel Olivenöl
Salz, frisch gemahlener Pfeffer
1 Zweig frischer Thymian
3 Teelöffel Honig (Rosmarinhonig passt perfekt)

Zubereitung:
Tomaten waschen, trockentupfen, der Länge nach halbieren
und die Stängelansätze herausschneiden. Das Innere
vorsichtig mit einem kleinen Löffel herauslösen. Die Tomaten
umgedreht auf Küchenkrepp abtropfen lassen.

Den Ziegenfrischkäse mit Olivenöl mischen. Die Tomaten innen
salzen, pfeffern und mit dem Frischkäse füllen. Jeweils einen
kleinen Thymianzweig einstecken und mit grob gemahlenem
Pfeffer bestreuen. Vor dem Servieren mit Honig beträufeln.

Birgit meint:
Kommt gut an beim Grillen oder mit Tapas, zumal es ein schöner
Kontrast zu den gebratenen oder geschmorten anderen
Vorspeisen ist.

Klingt in der Zusammenstellung ungewöhnlich, ist aber in der
Regel als erstes Gericht am Tapasbüffet geplündert. Wem der
Ziegenfrischkäse geschmacklich zu heftig ist (ist er aber
eigentlich gar nicht), kann ihn mit „normalem" Frischkäse
mischen.

7 x Gemüse

„Vegetarier essen zwar keine Tiere, aber sie fressen ihnen
dafür das Futter weg."

(Robert Lembke)

Thymianbohnen

Djuvetsch

Schmandbohnen mit Dörrfleisch

Schwarzwurzeln mit Sauce Béchamel

Zucchinigemüse aus Sri Lanka

Geschmortes Lauchgemüse

Gegrilltes Gemüse

Thymianbohnen

Zutaten für 4 Personen:
800 Gramm Buschbohnen
2–3 Zehen Knoblauch
50 Gramm Butter
Thymian
Zitronensaft
Bohnenkraut
Salz, Pfeffer, Zucker

Zubereitung:
Die vorne und hinten leicht abgeschnittenen Bohnen
gemeinsam mit etwas Bohnenkraut, Salz und einer Prise Zucker
in kochendes Wasser geben. Rund 15–20 Minuten gar köcheln.
Die bissfest gegarten Bohnen herausnehmen und abtropfen
lassen. Die Butter in einer Pfanne schmelzen lassen und die
Bohnen darin vorsichtig braten, kleingehackten Knoblauch und
Thymian zugeben. Mit Salz, Pfeffer, einer ordentlichen Prise
Zucker und einem Spritzer Zitronensaft rund abschmecken.
Passt hervorragend zu Schmorgerichten, zu Lamm oder auch
zu kurzgebratenen Steaks.

Frank meint:
Zu dieser Beilage gibt es einfach keine Alternative. Mal
ernsthaft: Was wollte man sonst zur Lammkeule reichen als
grüne Bohnen? Oder zum Pariser Pfeffersteak? Zu beachten ist
bei der Zubereitung der Thymianbohnen, dass man beim
Umwenden der Bohnen vorsichtig sein muss, um nicht ein
unansehnliches Bohnenmus zu fabrizieren.

Außerdem sollten Thymian sowie Knoblauch eher spärlich
eingesetzt werden und nicht mit ihrem Aroma die Bohnen
„erschlagen". Selbstredend sollten die Bohnen ganz frisch sein.

Djuvetsch

Zutaten für 4 Personen:
50 Gramm magerer Speck oder 2 Esslöffel Öl
1–2 Zwiebeln (nicht zu klein)
2–3 bunte Paprika
2 fleischige Tomaten
1 Knoblauchzehe
Salz, Pfeffer
Paprika edelsüß
1 Tasse Wasser

Zubereitung:
Den Speck würfeln und gut glasig dünsten, die Zwiebeln
schälen, grob zerschneiden und ebenfalls in den Topf geben.
Die Paprikaschoten waschen, putzen, vierteln und beifügen, die
Tomaten schälen, vierteln und dazugeben – nicht mehr groß
rühren! Die Temperatur also rechtzeitig drosseln.

Mit zerdrücktem Knoblauch, Salz, Pfeffer und Paprika würzen,
dabei nur soviel Wasser zugeben, dass nichts anbrennt. Nach
ungefähr 15 Minuten umrühren und fertig abschmecken.

Birgit meint:
Dieses Rezept stammt aus Jugoslawien. Man kann natürlich
auch Zucchini oder ähnliches Gemüse dazu nehmen. Es passt
gut zu Kartoffeln und gegrilltem Fleisch oder auch zu
gebratenen Koteletts. Djuvetsch-Gemüse ist schnell gemacht
und schmeckt einfach nach Urlaub.

Vor vielen Jahren haben wir das Gericht im Urlaub mit Patrick
und Mery sogar auf einem Einmalgrill nachgekocht. Sämtliche
Zutaten bekommt man natürlich in Südfrankreich ohne
Probleme, es hat auch Allen geschmeckt.

Schmandbohnen mit Dörrfleisch

Zutaten für 4 Personen:
1 Kilogramm breite grüne Bohnen
300–500 Gramm Dörrfleisch
Salz, Pfeffer
1 kräftige Prise Zucker
Bohnenkraut
1 Spritzer Zitronensaft
1 Becher saure Sahne oder Schmand
0,5–1 Becher süße Sahne

Zubereitung:
Die Bohnen putzen und in genügend kochendem Wasser
bissfest garen. Dazu dem Wasser etwas Zitronensaft,
Bohnenkraut und eventuell einen Brühwürfel beifügen.

In der Zwischenzeit das Dörrfleisch grob würfeln und in einer
großen Pfanne braun braten. Wenn die Bohnen gar sind (circa
15–20 Minuten), diese abgießen und zu dem in der Pfanne
befindlichen Dörrfleisch geben.

Den Schmand und die süße Sahne bei geringer Hitzezufuhr
unterrühren und mit Salz, Pfeffer, einer Prise Zucker und
eventuell noch etwas Bohnenkraut sowie einem Spritzer
Zitronensaft abschmecken.

Dazu Pell- oder Salzkartoffeln reichen.

Frank meint:
Dieses Rezept ist ein Relikt aus der Zeit, als ich mein Studium mit
Nachtarbeit bei DHL in Kelsterbach finanziert habe. Da
während der Wochenendschicht die langen Pausen
unterhaltsam überbrückt werden mussten, wurde entweder
Fußball gespielt oder kräftig und reichlich gekocht.

Auch dieses Rezept zählt nicht gerade zur leichten Kost – das
Nachkochen lohnt sich aber, denn Schmandbohnen mit
Dörrfleisch sind unglaublich lecker. Am allerbesten eignet sich
dafür das Dörrfleisch, das es in jeweils zwei Scheiben
abgepackt bei TEGUT gibt.

Schmandbohnen **ohne** Dörrfleisch passen auch hervorragend
als Beilage zum Grillen, gerade als Gemüsebeilage zu
Rindersteaks oder Lamm.

Wichtig ist in jedem Fall, dass die Bohnen frisch sind, keine
holzigen Stellen aufweisen und ordentlich durchgegart werden.
Aber Vorsicht: matschig dürfen sie natürlich nicht sein.

Notizen:

Schwarzwurzeln mit Sauce Béchamel

Zutaten für 4 Personen:
1 Glas Schwarzwurzeln
etwas Margarine oder Butter
1 Esslöffel Mehl
0,25 Liter Milch
Muskat gerieben
Salz, Pfeffer
ein Spritzer Zitronensaft
etwas gekörnte Brühe

Zubereitung:
Die Margarine im Topf schmelzen, das Mehl darüber stäuben und mit wenig Milch ablöschen, dann ohne Pause mit dem Schneebesen rühren.

Weiterhin immer soviel Milch dazugeben, dass die Sauce nicht klumpt. Nach und nach und unter ständigem Rühren die gesamte Milch eingießen.

Etwas Brühwürfel oder gekörnte Brühe, Salz, Pfeffer, eine Prise Zucker, Muskatnuss sowie einen Spritzer Zitronensaft zugeben.

Zum Schluss die Schwarzwurzeln aus dem Glas abgießen – wer mag, kann einen Teil der Milch durch den Aufguss der Schwarzwurzeln ersetzen – und in der Sauce langsam heiß werden lassen. Aufpassen, dass nichts anbrennt!

Danach eventuell nochmals würzen und rund abschmecken.

Frank meint:
Schwarzwurzeln sind ein ganz zartes, leicht nussig
schmeckendes Gemüse, das zu Recht immer häufiger serviert
wird. Es passt zu ganz vielen Gerichten, da es vom Geschmack
her nicht dominiert, sondern sich dezent im Hintergrund hält.

Nicht in jedem Fall lohnt es sich, auf Convenience-Produkte zu
verzichten. Schwarzwurzeln sind dabei ein Paradebeispiel,
denn wer einmal diese Mistdinger aus tiefer Erde buddeln
musste, sich auf den Knien rutschend dabei geärgert hat, dass
die Schwarzwurzeln beim Herausziehen dauernd abbrechen
und danach unvorsichtigerweise beim Schälen schwarze
Finger bekam, der weiß: Schwarzwurzeln aus dem Glas sind die
bessere Wahl.

Nachdem Schwarzwurzeln aus den oben angeführten
Gründen jahrelang ein Schattendasein fristeten, gibt es sie seit
einiger Zeit im gutsortierten Lebensmittelhandel (zum Beispiel im
TEGUT) geschält im Glas zu kaufen.

Unbedingt ausprobieren!

Gegenmeinungen begeisterter Schwarzwurzel-Selbsternter
können folgend vermerkt werden:

Zucchinigemüse aus Sri Lanka

Zutaten für 4 Personen:
2 große Zucchinis
1 Zwiebel
2 Esslöffel Sonnenblumenöl
1 Dose Kokosmilch
Salz, Pfeffer
1 Prise Zucker
1 Prise Koriander
2 Esslöffel Erdnüsse (gehackt)

Zubereitung:
Die Zwiebel in Würfel schneiden und mit den in dünne Scheiben geschnittenen Zucchinis in dem Sonnenblumenöl anbraten.

Danach die Kokosmilch darübergießen und einige Minuten auf kleiner Flamme köcheln lassen, bis die Zwiebeln und die Zucchinis gar (aber auf keinen Fall matschig) sind.

Mit den Gewürzen dezent abschmecken und vor dem Servieren mit den gehackten Erdnüssen bestreuen.

Frank meint:
Dies ist ein Rezept von meinem früheren DHL-Arbeitskollegen Sebastian P. aus Sri Lanka, der dieses milde Gemüsegericht als Beilage zu sehr scharf gewürztem Fleisch reichte.

Es passt gut als kontrastierende Beilage zu kräftigen und scharfen Reisgerichten, die mit Curry gekocht werden.

Geschmortes Lauchgemüse

Zutaten für 4 Personen:
500 Gramm Lauch
2 Esslöffel Öl oder 50 Gramm durchwachsener Speck
1 Tasse Wasser
Salz, Pfeffer
0,5 Teelöffel Zucker
Muskat oder 1 Knoblauchzehe
Eventuell etwas Glutamat

Zubereitung:
Den Lauch putzen, waschen und in mundgerechte Stücke
schneiden. Das Öl im Topf erhitzen bzw. den gewürfelten Speck
anschwitzen (sehr lecker), die grünen Lauchteile dazugeben.
Die hellen Stücke etwas später zufügen, da sie schneller garen.

Den Lauch von allen Seiten anbraten, dann mit Wasser
ablöschen. Der Lauch darf dabei ruhig leicht braun werden.

Mit Salz, Muskat, Pfeffer und eventuell etwas Gemüsebrühe
würzen, je nach Größe 10–18 Minuten schmoren. Die letzten
Minuten den Deckel abnehmen, damit die Flüssigkeit verdunstet.

Birgit meint:
Schmeckt gut zu Frikadellen oder Koteletts. Dazu Salzkartoffeln
reichen.

Das Rezept haben wir aus unserem geliebten Edda-Kochbuch
(ein sehr umfangreiches Grundkochbuch, das uns Patrick und
Mery 1989 zu unserer Hochzeit geschenkt haben). Man kann
wirklich alles daraus nachkochen – schmeckt und gelingt
immer. Vielen Dank dafür.

Gegrilltes Gemüse (Verdura grigliata)

Zutaten für 4 Personen:
2 Zucchini
je 1 gelbe und rote Paprikaschote
einige Frühlingszwiebeln
200 Gramm Champignons
eventuell 1 Aubergine
6 Esslöffel Olivenöl
Salz, schwarzer Pfeffer
Außerdem Blattsalate (eventuell auch Rucola)
2 Esslöffel Weinessig
Salatkräuter nach Geschmack

Zubereitung:
Den Backofen vorheizen. Das Gemüse waschen und putzen,
die Zucchini der Länge nach in 1 cm dicke Scheiben schneiden,
ebenso die Paprika in Streifen. Die Frühlingszwiebeln längs
vierteln, die Pilze je nach Größe ganz lassen oder halbieren.

Das ganze Gemüse mit 2 Esslöffeln Olivenöl (eher etwas mehr),
Salz und Pfeffer mischen und auf einem Backblech verteilen.
Möglichst unter dem Grill circa 15 Minuten schmurgeln, dabei
ein- oder zweimal umdrehen. Die letzten fünf Minuten direkt in
die oberste Schiene unter den Grill schieben.

In der Zwischenzeit den Salat waschen, putzen und
trockenschleudern. Essig, Salz, Pfeffer und übriges Öl in ein
Schälchen geben und kräftig durchrühren. Kräuter fein hacken
und dazugeben, die Hälfte der Sauce unter den Salat mischen,
das warme gegrillte Gemüse darauf oder daneben legen, dann
die restliche Salatsauce darübergeben und gleich servieren.

Birgit meint:
Dieses ungewöhnlich zubereitete Gemüse passt sehr lecker zu
Gegrilltem als Ersatz für Salat. Das Rezept lässt sich gut
vorbereiten – einfach in den Backofen schieben (kurz bevor
die Gäste kommen) und den Salat schon fertig geputzt und
gewaschen bereit stellen. Die Salatsauce natürlich erst kurz vor
dem Servieren untermischen.

Ich nehme eine flache große Schale und gebe das Gemüse in
die Mitte, den Salat drapiere ich außen herum. Manchmal
schmore ich auch einige Tomatenstücke mit oder benutze zum
Würzen noch etwas Knoblauchsalz.

Beim letzten Familiengrillen kam das Rezept gut an, vor allem
meine Schwiegermutter Marga war davon vollkommen
begeistert.

Ein italienisches Rezept, das man immer wieder neu variieren
kann!

Hier können Gäste die Köchin loben:

6 x Beilagen

„Iss, was gar ist,
trink, was klar ist,
red' was wahr ist."

(Martin Luther)

Annakartoffeln

Präsidentenkartoffeln

Rosmarinkartoffeln vom Blech

Laugenknödel

Semmelknödel

Schwäbische Spätzle

Annakartoffeln

Zutaten für 4 Personen:
1-1,2 Kilogramm festkochende Kartoffeln
125 Gramm Butter
Salz, Pfeffer

Zubereitung:
Eine Auflaufform mit Butter ausstreichen. Die Kartoffeln schälen, in ganz dünne Scheiben schneiden und in einer Schicht leicht überlappend in die Form legen, Butterflöckchen darauf verteilen, salzen, pfeffern.

Danach die nächste Schicht Kartoffelscheiben auflegen, wieder Butterflöckchen, Salz und Pfeffer darüber geben und das ganze wiederholen, bis alle Kartoffeln verlegt sind. Pro Person etwas mehr einrechnen als bei Pellkartoffeln.

Die Kartoffeln in der Auflaufform für circa 40-45 Minuten im Backofen bei 180 Grad Celsius schmurgeln lassen, eventuell die Umluft zuschalten. Falls die Kartoffeln oben zu dunkel werden, einfach mit Alufolie abdecken. Ein hübsche Kruste sollten sie aber schon haben.

Zum Ende der Garzeit mit einem langen Messer prüfen, ob die Kartoffelscheiben bissfest durchgekocht sind. Wichtig: Mit dem Würzen nicht zu sparsam sein.

Birgit meint:
Sehr kalorienreiche Kartoffel-Variante, super zu Lammkeule.

Gut dabei: Wenn der Backofen sowieso angeheizt ist, kann man die Form mit den Anna-Kartoffeln einfach mit reinstellen.

Präsidentenkartoffeln

Zutaten für 4 Personen:
1-1,2 Kilogramm festkochende Kartoffeln
125 Gramm Kräuterbutter
Salz, Pfeffer

Zubereitung:
Die Kartoffeln schälen und einmal längs durchschneiden, so
dass sie möglichst flach werden.

Dann jede Kartoffelhälfte kammförmig (ungefähr 3 mm
Schnittabstand) einschneiden, dabei hinten einen Steg stehen
lassen, damit die halbe Kartoffel nicht auseinanderfällt. Die
Kartoffeln mit der flachen Seite auf ein Backblech legen.

Die Kräuterbutter in einem Pfännchen schmelzen und die
Kartoffeln ausgiebig mit der geschmolzenen Kräuterbutter
tränken. Danach mit Pfeffer und Salz würzen.

Die Kartoffeln dann circa 40–45 Minuten im Backofen bei 180
Grad Celsius garen lassen, eventuell die Umluft und in den
letzten Minuten den Obergrill zuschalten.

Falls die Kartoffeln zu dunkel werden, einfach mit Alufolie
abdecken. Zum Ende der Garzeit mit einem Messer prüfen, ob
die Kartoffelscheiben innen durchgekocht sind.

Wichtig: Mit dem Würzen nicht zu sparsam sein.

Frank meint:
Die Präsidentenkartoffeln sind natürlich nichts für die schlanke
Linie. Perfekt schmecken sie, wenn sie in der Mitte schön weich,
außen aber leicht braun und knusprig sind.

Der Name dieser Kartoffeln (wie auch das ganze Gericht)
stammt von unserer Freundin Ilka. Sie hat ein bestehendes
Rezept einfach nach Gusto abgeändert und uns beim Grillen
damit überrascht. Da für dieses Rezept kein Name existierte,
nannten wir es schlichtweg nach der Erfinderin
„Präsidentenkartoffeln", weil „il Präsidente" nun mal seit vielen
Jahren der Spitzname von Ilka ist.

Und das kam so: Bei einem gemeinsamen Urlaub mit Ilka und
Ralph in Tunesien waren unsere Zimmer durch einen
Buchungsfehler bei unserer Ankunft bereits belegt, worauf man
uns an der Rezeption gestenreich mitteilte, dass wir in die
Präsidentensuite verlegt würden.

Haha! – natürlich hielten wir das für einen der üblichen
Touristenscherze. Jedoch nur solange, bis wir in einen
separaten Trakt des Hotels geführt wurden, der tatsächlich in
den präsidentialen Nobelgemächern mündete.

Wir verbrachten dort einen Urlaub wie in 1001 Nacht – als
Interims-Präsident wurde sofort Ilka auserkoren.

Hier darf nur Ilka – il Präsidente – einen Kommentar schreiben:

Rosmarinkartoffeln vom Blech

Zutaten für 4 Personen:
800 Gramm vorwiegend festkochende Kartoffeln
Olivenöl
Paprika edelsüß
Salz, Pfeffer
einige Zweige Rosmarin (frisch oder getrocknet)

Zubereitung:
Die Kartoffeln nicht schälen, sondern mit einem
Gemüsebürstchen säubern, eventuell vorhandene Augen
ausschneiden, halbieren, jede Hälfte in 4-6 Schnitze schneiden
– je nach Größe der Kartoffel. Die Kartoffeln in eine Schüssel
geben und mit Olivenöl, Paprikapulver, Salz (nicht zu wenig),
Pfeffer und Rosmarinnadeln vermengen.

Die Mischung auf ein Backblech geben und in den vorgeheizten
Backofen schieben. Bei Umluft circa 20-25 Minuten backen,
eventuell den Grill zuschalten, damit die Kartoffeln schön
anbräunen. Zwischendurch die Kartoffelstücke umdrehen.

Birgit meint:
Ich lege die Kartoffeln auf ein Backpapier, so werden sie auch
gleich von unten braun, und schiebe das Blech ziemlich weit
oben in den Ofen, dann kann man mit dem Grill die
Kartoffelstücke richtig lecker überkrusten lassen.

Dieses Rezept passt hervorragend zu italienischem Ofenfisch
oder als Beilage zum Grillen oder, oder, oder ...

Übrigens verdanken wir dieses Rezept Gaby aus Besenkassel,
die uns die Rosmarinkartoffeln bei einer Einladung zum Grillen
bei ihr und Michael serviert hat. Seither gehört es zu unserer
Rezeptesammlung.

Laugenknödel

Zutaten für 4 Personen:
400 Gramm altbackenes Laugengebäck
circa 0,25 Liter Milch
3 Eier
schwarzer Pfeffer, Salz
Majoran
4 Esslöffel feingehackte Petersilie

Zubereitung:
Das Laugengebäck kleinschneiden und mit der (lauwarmen)
Milch übergießen und durchziehen lassen. Die Eier und die
Gewürze zu dem eingeweichten Laugengebäck geben und mit
den Händen zu einem festen Teig durchmengen.

Mit nassen Händen faustgroße Knödel formen und diese bei
mäßiger Hitze in Salzwasser ungefähr 15–20 Minuten auf kleiner
Flamme ziehen lassen.

Frank meint:
Dieses Rezept ist von Elke aus Karlstein, die uns vor ungefähr
zehn Jahren damit das erste Mal bekocht hat. Diese Knödel
haben uns bei ihr so gut geschmeckt, dass wir sie seither schon
oft selbst gemacht haben.

Hinzu kommt, dass dieses Knödelrezept ganz einfach
zuzubereiten ist. Natürlich passt dazu ein deftiges
Schmorgericht oder ein kräftiges Gulasch mit Rotkraut.

Semmelknödel

Zutaten für 4 Personen:
8 altbackene Brötchen
0,25 Liter Milch
1 große Zwiebel
1 Esslöffel Sonnenblumenöl
3 Eier
weißer Pfeffer
Salz
Muskatnuss
3 Esslöffel feingehackte Petersilie

Zubereitung:
Die altbackenen Semmeln in Scheiben schneiden, mit
lauwarmer Milch übergießen und durchziehen lassen. In der
Zwischenzeit die Zwiebel schälen, würfeln, in einer Pfanne im Öl
glasig braten. Abkühlen lassen.

Gebratene Zwiebeln, Eier, Salz, Muskatnuss und Petersilie unter
die ausgedrückte Brötchenmasse mengen. Alles zu einem nicht
zu festen Teig verkneten und daraus 8–12 Knödel formen.

Einen großen Topf mit Salzwasser ansetzen. Wenn es kocht, die
Knödel hineingeben und circa 15–20 Minuten leise köchelnd auf
kleiner Flamme ziehen lassen. Das Wasser darf nicht sprudelnd
kochen! Wenn die Knödel im Wasser nach oben schwimmen,
sind sie gar. Herausnehmen, gut abtropfen lassen und in eine
vorgewärmte Schüssel geben.

Birgit meint:
Schmeckt natürlich lecker zu Gulasch und sonstigen
Schmorgerichten. Unser Freund Markus aus Aschaffenburg ging
beim Anblick der Knödel (noch roh!) in unserer Küche vor
Freude sogar auf die Knie.

Schwäbische Spätzle

Zutaten für 4 Personen:
500 Gramm Mehl
4 Eier
etwas Salz
circa 0,2 Liter lauwarmes Wasser
1 Spätzlepresse

Zubereitung:
Den Teig aus den angegebenen Zutaten anrühren. Er muss schwer vom Kochlöffel abreißen, daher nur soviel Wasser wie nötig dazugeben.

In einem großen Topf Wasser zum Kochen bringen, einen großen Löffel Teig in die Presse geben und in das sprudelnd kochende Wasser drücken.

Einmal aufkochen lassen, dann mit einem Schaumlöffel herausfischen und nochmals in einem separaten Topf mit heißem Wasser kurz abspülen, danach gut abgetropft in eine Keramikschüssel geben.

Im vorgeheizten Backofen warmstellen, ab und zu ein paar Butterflöckchen auf die Nudeln geben. Fortfahren, bis der ganze Teig aufgebraucht ist.

Birgit meint:
Spätzle lassen sich übrigens außerordentlich gut einfrieren und in der Mikrowelle aufwärmen. Deshalb mach ich immer etwas mehr davon.

Um leckere „Kässpätzle" zu machen, braucht Ihr zusätzlich:

Kässpätzle

Zutaten für 4 Personen:
circa 150 Gramm geriebenen Emmentaler o. Ä.
2–3 Zwiebeln
Butter

Zubereitung:
Zwischen die Nudelschichten immer mal eine Schicht Käse
(eigentlich ein Emmentaler oder Alpenkäse, der etwas kräftiger
ist im Geschmack) geben.

Zum Schluss eine Schicht geriebenen Käse darüberstreuen und
darauf die in Butter goldbraun gebratenen Zwiebelringe geben.

Alles im vorgeheizten Backofen übergrillen, bis der Käse oben
krustig wird. Dazu schmeckt ein grüner oder gemischter Salat.

Birgit meint:
Als Tochter einer echten Schwäbin muss man einfach Spätzle
selbst machen – sie schmecken halt auch so am besten, oder?

Nebenbei: Das ist wirklich das einzige vegetarische Gericht, bei
dem Frank kein Fleisch vermisst. Tatsächlich sind die Kässpätzle
auch ohne Fleischbeilage so gehaltvoll, dass dies einfach des
Guten zuviel wäre.

Lecker und obendrein fleischlose Kost!

Frank meint:
mea culpa!

9 x Salate

„Was für ein einfaches und genügsames Ding das Glück doch ist: ein Glas Wein, eine geröstete Kastanie, ein winzig kleines Kohlenfeuer, der Klang des Meeres ... Alles, was du brauchst, um das Glück im Hier und Jetzt zu erfahren, ist ein einfaches, genügsames Herz."

(Nikos Kazantzakis)

Standardsalatsauce für grünen und gemischten Salat

Kartoffelsalat von Birgit

Hessischer Kartoffelsalat

Schwäbischer Kartoffelsalat

Griechischer Bauernsalat

Thunfischsalat mit Kidney-Bohnen

Tunesischer Thunfischsalat

Couscous-Salat

Italienischer Nudelsalat mit Mozzarella

Standardsalatsauce für grünen und gemischten Salat

Zutaten für 4 Personen:
3-4 Esslöffel Keimöl oder nach Geschmack Olivenöl
2-3 Esslöffel Kräuteressig
1 Teelöffel Senf
1 Prise Zucker
Kräuter nach Geschmack (z.B. Oregano für Tomatensalat)
eventuell 1 Schuss Apfelsaft oder 1 Teelöffel saure Sahne

Zubereitung:
Die Zutaten gut mit dem Schneebesen verrühren, wer mag,
kann schon vorher die Zwiebelwürfel in die Salatsauce geben,
dann ziehen die schon leicht durch. Mit dem Apfelsaft wird die
Sauce schön fruchtig.

Birgit meint:
Salatsaucen kann man natürlich auf jede erdenkliche Art
zubereiten, mal mit frischen Kräutern, mal mit etwas saurer
Sahne.

Wer gerne etwas Knoblauchgeschmack (ohne dass er
dominiert) im Salat wünscht: Einfach eine Knoblauchzehe
durchschneiden und die Salatschüssel mit der Schnittkante
ausreiben.

Kartoffelsalat von Birgit

Zutaten für 4 Personen:
8–10 große Kartoffeln
4 Eier
8 saure Gürkchen
1 Glas Mischgemüse
1 Zwiebel
0,1 Liter Brühe
4 Esslöffel Miracle Whip
0,5 Becher Joghurt
Salz, Pfeffer, Essig, Öl, 1 Prise Zucker
fein geschnittene Petersilie

Zubereitung:
Die ungeschälten Kartoffeln waschen und kochen, gleichzeitig
die Eier hart (10 Minuten) kochen, die Kartoffeln auskühlen
lassen, schälen, in Scheiben schneiden. Das Gemüse abgießen,
die sauren Gurken in Scheiben und die Eier in Würfel schneiden.
Die Zwiebel fein würfeln.

Die geschnittenen Kartoffeln mit der heißen Brühe begießen
und durchziehen lassen, ruhig schon die Zwiebelwürfel, die
Gürkchenscheiben und das Gemüse dazugeben, mit Salz
kräftig würzen und pfeffern. Die Eier erst zum Schluss
dazugeben. In der Zwischenzeit die Salatsauce anrühren, an
den Salat geben (Essig oder Gurkenaufguss) und noch Zeit
lassen zum Durchziehen. Eventuell nochmal vor dem Servieren
abschmecken – die Kartoffeln können viel Salz gebrauchen.

Birgit meint:
Die Menge lässt sich gut variieren, es kommt nicht so darauf an,
wie viel man zubereitet – der Kartoffelsalat lässt sich am
nächsten Tag auch noch gut essen. Schmeckt außerdem
lecker zu Backfisch und natürlich zu Grillfleisch aller Art.

Hessischer Kartoffelsalat

Zutaten für 4 Personen:
8–10 große Kartoffeln
250 Gramm durchwachsenes Dörrfleisch
250 Gramm saure Gürkchen
1 große Zwiebel
0,1 Liter Brühe
3 Knoblauchzehen
etwas Sonnenblumenöl
Salz, Pfeffer, Essig, Zucker

Zubereitung:
Das feingewürfelte Dörrfleisch in etwas Sonnenblumenöl
auslassen und kross braten. Die gekochten Kartoffeln auskühlen
lassen, schälen, in Scheiben schneiden. Die sauren Gurken in
Scheiben schneiden und die Zwiebel fein würfeln. Die
geschnittenen Kartoffeln mit der Brühe übergießen, vorsichtig
umrühren und die Brühe einziehen lassen. Die Zwiebelwürfel, die
Gürkchenscheiben, den gepressten Knoblauch und die
Dörrfleischwürfel (mit dem ausgelassenen Öl) vorsichtig
untermischen. Dann den Kartoffelsalat kräftig würzen und nach
60 Minuten nochmals abschmecken.

Frank meint:
Dieser Salat kommt ohne Mayonnaise oder Öl aus, da genug
ausgelassenes Öl vom Dörrfleisch anfällt. Der geschmackliche
Reiz dieses Kartoffelsalats entsteht durch die kross-knusprigen
Dörrfleischstückchen, die knackigen Zwiebelwürfel, die sauren
Gürkchen und den leicht scharfen Knoblauch im Hintergrund.

Dieser Kartoffelsalat ist überaus geschmacksintensiv, so dass
man auf Würstchen getrost verzichten kann. Es sei denn, es gibt
dazu eine gute Rindswurst …

Schwäbischer Kartoffelsalat

Zutaten für 4 Personen:
8–10 große Kartoffeln (festkochende Sorte)
1 Salatgurke
1 große Zwiebel
0,1 Liter Brühe
Salz, Pfeffer
Senf
Essig
Sonnenblumenöl
1 Prise Zucker

Zubereitung:
Ungeschälte Kartoffeln gar kochen, abkühlen lassen, schälen und in Scheiben schneiden. Die Zwiebel fein würfeln, die Kartoffelscheiben mit der Brühe begießen (nicht zuviel, die Kartoffeln sollen nicht schwimmen).

Die Salatgurke schälen, hobeln oder in feine Scheiben schneiden. Wenn die Brühe eingezogen ist, den Salat mischen und mit den übrigen Zutaten abschmecken. Vor dem Servieren nochmals abschmecken und nachwürzen.

Frank meint:
Dazu passen Maultaschen oder gemischter Braten aus dem Schwabenland.

Birgit meint:
Diese Art Kartoffelsalat kenne ich von meiner Tante Helga. Dort gab es eigentlich immer, wenn wir Sonntags dort eingeladen waren, Braten aus dem Rohr und dazu ebendiesen schwäbischen Kartoffelsalat.

Griechischer Bauernsalat

Zutaten für 4 Personen:
3 Fleischtomaten
1 Salatgurke
1 Zwiebel
2 Paprikaschoten
schwarze Oliven
180 Gramm Schafskäse
Olivenöl
Essig
Oregano
Salz, Pfeffer

Zubereitung:
Tomaten, Gurke und Paprika waschen, in Scheiben bzw.
Streifen schneiden, die Zwiebel ebenfalls schneiden, am
besten in nicht zu dicke Ringe.

Alles mit Salz, Pfeffer und Oregano bestreuen, den Schafskäse
würfeln und die Oliven dazugeben. Mit Olivenöl und Essig
abschmecken – im griechischen Kochbuch ist eine halbe Tasse
Olivenöl angegeben, das ist uns aber zuviel.

Also, nach eigenem Geschmack anmachen und etwas Zeit
zum Durchziehen einrechnen.

Birgit meint:
Dieses Standardrezept kennt wohl jeder Salatfreund –
trotzdem wollten wir in unserem Kochbüchlein nicht darauf
verzichten. Es ist ein passender Salat als Beilage zum Grillen
oder zum griechischen Essen.

Die Mengen der einzelnen Zutaten lassen sich natürlich
variieren, je nach eigenen Vorlieben.

Thunfischsalat mit Kidney-Bohnen

Zutaten für 4 Personen:
1 Dose Thunfisch in Öl
2 Dosen Kidney-Bohnen
1 Zwiebel
Salz
schwarzer Pfeffer
1 Prise Zucker
Oregano
Olivenöl
Essig oder Balsamico

Zubereitung:
Den abgetropften, etwas zerzupften Thunfisch mit den
ebenfalls abgetropften (und abgespülten) Kidney-Bohnen
sowie der sehr fein geschnittenen Zwiebel in eine Schüssel
geben.

Dann mit den Gewürzen abschmecken – fertig! Nur wenig
Oregano verwenden. Dazu Baguette reichen.

Frank meint:
Dies ist ein echtes, tausendmal bewährtes Sommerrezept, das
sich in fünf Minuten zubereiten lässt. Entweder gleich verputzen
oder aber besser noch ein Weilchen durchziehen lassen.

Dazu passen ein kühler, trockener Weißwein und eine
sommersonnige Veranda ...

Tunesischer Thunfischsalat

Zutaten für 4 Personen:
2 Dosen Thunfisch
1 Paprikaschote
1 Zucchini
1 Zwiebel
1 Peperoni
1 Knoblauchzehe
Olivenöl
1 Tasse Wasser
Salz, schwarzer Pfeffer
1 Prise Zucker
Zitronensaft
2 Teelöffel Kapern
4 gekochte Eier

Zubereitung:
Die kleingeschnittene Paprika, Zucchini, Zwiebel,
Peperonischote und den Knoblauch mit Olivenöl andünsten,
dann mit etwas Wasser ablöschen. Auf kleiner Flamme köcheln,
bis das Gemüse gar und das Wasser verdampft ist. Danach die
Kapern zugeben und alles abkühlen lassen. Abschmecken mit
Salz, schwarzem Pfeffer, Zucker und Zitronensaft.

Das abgekühlte Gemüse auf Teller verteilen. Obenauf den
Thunfisch drapieren und mit Eivierteln garnieren. Dazu Baguette
reichen.

Frank meint:
Diesen Thunfischsalat haben wir während unseres
Sommerurlaubs 2006 in Tunesien gegessen. Durch die Kapern,
die in der tunesischen Küche häufig verwendet werden,
schmeckt dieser Salat vollkommen anders als beispielsweise
der bekannte italienische Thunfischsalat.

Couscous-Salat

Zutaten für 4 Personen:
250 Gramm Instant-Couscous
2 kleine oder 1 mittlere Zucchini
1 größere Zwiebel
2–3 Knoblauchzehen
2 Tomaten
Thymian
Olivenöl, Essig
Salz, schwarzer Pfeffer

Zubereitung:
0,25 Liter Wasser zusammen mit 2 Esslöffeln Olivenöl und
1 Teelöffel Salz in einer Servierpfanne oder einem größeren
Topf zum Kochen bringen, 250 Gramm Couscous einrühren.
Nach 2–3 Minuten den Topf vom Herd nehmen und alles
abkühlen lassen.

Die Zucchini waschen und in nicht zu dünne Scheiben
schneiden. Die Zwiebel würfeln, den Knoblauch schälen und
kleinhacken. Alles in Olivenöl anbraten und weiter dünsten, bis
die Zucchini gar (bissfest) ist. Mit etwas Salz, Pfeffer und – wenn
möglich – frischem Thymian, abschmecken. Die Tomaten nicht
mitdünsten, sondern nur fein würfeln (Kerne entfernen). Den
kalten Couscous mit den Tomaten und der abgekühlten
Gemüsemasse mischen, mit Olivenöl und Essig anmachen,
nochmals mit den Gewürzen abschmecken.

Frank meint:
Couscous-Salat passt lecker zu Gegrilltem. Schmeckt am
besten, wenn er noch einige Zeit durchziehen kann, dann
eventuell nochmals etwas nachwürzen. Instant-Couscous ist
sehr schnell zubereitet und eine Alternative zu den ewigen
Kartoffel- und Nudelsalaten.

Italienischer Nudelsalat mit Mozzarella

Zutaten für 4 Personen:
250 Gramm Penne
250 Gramm kleine Champignons
1 Schalotte
2 Knoblauchzehen
250 Gramm Kirschtomaten
250 Gramm (Mini-)Mozzarella
1 Esslöffel Butter
3 Esslöffel Rotweinessig
5 Esslöffel Olivenöl
3 Esslöffel Orangensaft
0,5 Teelöffel Senf
Salz, Pfeffer aus der Mühle
etwas Majoran und 2 Esslöffel Basilikum, fein gehackt

Zubereitung:
Nudeln garen, Pilze putzen, halbieren, Schalotte und Knoblauch
hacken, in Butter glasig schwitzen, Pilze zugeben. Kurz
anbraten, mit Salz und Pfeffer würzen, Salat vorbereiten,
Tomaten halbieren und Mozzarella in Würfel schneiden. Essig,
Orangensaft, Pfeffer, Salz und Öl verrühren, mit Basilikum und
Majoran mischen. Vor dem Servieren nochmals abschmecken.

Birgit meint:
Achtung: Nudeln unbedingt ganz herunterkühlen lassen, bevor
Ihr sie mit dem Rest der Zutaten vermengt. Ich mag dieses
Rezept, weil es ohne Mayonnaise auskommt.

Diese Nudelsalatvariante war irgendwann in einer Tchibo-
Werbung abgedruckt – mir hat sie gleich gefallen.

4 x Snacks

„Essen ist eine höchst ungerechte Sache: Jeder Bissen bleibt höchstens zwei Minuten im Mund, zwei Stunden im Magen, aber drei Monate an den Hüften."

(Christian Dior)

Zwiebelkuchen

Frikadellen und Fleischklopse

Linsen-Fuul

Frittata

Zwiebelkuchen

Zutaten für 4 Personen:
knapp 0,25 Liter Milch
0,125 Liter Öl, 1 Teelöffel Salz, 1 Prise Zucker
500 Gramm Mehl und etwas Mehl zum Ausrollen
40 Gramm Hefe, Fett für die Form
1 Kilogramm Zwiebeln
250 Gramm durchwachsener Schinkenspeck
2 Esslöffel Öl, Salz, Pfeffer, Kümmel, Muskat
0,5 Liter saure Sahne
6 Eier

Zubereitung:
Milch, Öl, Salz und Zucker in einer Schüssel verrühren. Das Mehl
darüber sieben, die Hefe darauf bröckeln und verkneten. Auf
einem Blech ausrollen und mit der Gabel mehrmals einstechen.
Eier und saure Sahne in einem Schüsselchen mischen und mit
Muskat, Salz, Pfeffer und Kümmel kräftig würzen.

Während der Teig auf dem Blech an warmer Stelle geht, die
Zwiebeln schälen, halbieren und in dünne Ringe schneiden. Den
Speck würfeln und im erhitzten Öl in einem großen Topf
auslassen. Sobald er glasig ist, die Zwiebelringe hinzufügen und
schwach goldbraun anbraten. Alles würzen und etwas
abkühlen lassen. Die Zwiebel-Speck-Masse auf dem Teig
verteilen und die Eiersahne gleichmäßig darüber gießen. Im
vorgeheizten Backofen bei 200 Grad Celsius ungefähr 20–25
Minuten backen.

Birgit meint:
Zwiebelkuchen lässt sich gut einfrieren. Dafür mit Alufolie
abdecken oder in Einzelportionen ganz in Folie packen und im
Backofen wieder aufwärmen. Mit Federweißer (Rauscher)
servieren.

Frikadellen und Fleischklopse

Zutaten für 4 Personen:
1 Kilogramm gemischtes Hackfleisch
1 Zwiebel in feinen Würfeln, 1 Knoblauchzehe
3 Eier, 2 altbackene Semmeln
Salz, Pfeffer, 1 Prise Zucker
1 Esslöffel Paprika edelsüß, gemahlener Kümmel
Sonnenblumenöl

Zubereitung:
Alle Zutaten mischen, die altbackenen Semmeln in Wasser
einweichen, ausdrücken und zerzupft unterheben.

- **Frikadellen:** Für Frikadellen die Masse mit gemahlenem
  Kümmel würzen, für Fleischklopse nicht. Flache
  Frikadellen in reichlich Öl ausbacken.
- **Gebratene Fleischklopse:** Ebenso wie Frikadellen, nur
  ohne Kümmel. Sollen die Klopse als Grundlage für die
  Zubereitung mit Salsa Mojo (siehe Seite 118) dienen, so
  muss anstelle von Kümmel etwas Kreuzkümmel (Kumin)
  hinzugefügt werden.
- **Gekochte Fleischklopse:** Eine Alternative ist das
  Kochen der Klopse. Hierzu die Klopse einige Minuten auf
  kleiner Flamme in heißem Wasser köcheln lassen
  (Kochwasser aufheben für Béchamelsauce). Die
  Klopse können dann beispielsweise in eine
  Meerrettichsauce gegeben und mit Reis bzw.
  Salzkartoffeln und Salat serviert werden.

Birgit meint:
Auf jeden Fall kräftig abschmecken, denn der Fleischteig kann
mehr Würze vertragen, als man denkt. Aus einem Kilo
Hackfleisch ergeben sich ganz schön viele Klopse, die aber am
nächsten Tag auch noch gerne gegessen werden ...

Linsen-Fuul (arabischer Linseneintopf)

Zutaten für 4 Personen:
850 Gramm Linsen oder Kidney-Bohnen
2 große Zwiebeln
2 Knoblauchzehen
reichlich Olivenöl
2 Dosen Tomaten
Kreuzkümmel (Cumin bzw. Kamun)
Koriander
Oregano
Salz, Pfeffer,
1 Prise Zucker
1 Zitrone

Zubereitung:
Die grob gehackte Zwiebel in reichlich Olivenöl andünsten, die gehackte Tomate und den zerkleinerten Knoblauch hinzufügen. Dann die gekochten Linsen oder Kidney-Bohnen zugeben und etwas köcheln lassen.

Salz, Pfeffer und eine Prise Zucker hinzufügen. Vorsicht: Nur sehr wenig Koriander, Oregano und Kreuzkümmel darangeben, denn diese Gewürze sind äußerst geschmacksintensiv. Danach alles aufkochen und 10–15 Minuten auf kleinster Flamme durchziehen lassen.

Wenn alles gut durchgezogen und die Zwiebel weich ist, werden die Linsen bzw. Bohnen grob im Topf zerquetscht (nicht mit dem Mixstab pürieren!), das Fuul mit reichlich Zitronensaft beträufelt und nochmals abgeschmeckt.

Danach wird das Fuul mit in kleine Stücke gerissenem Fladenbrot oder frischem Weißbrot aus der Schüssel oder mehreren kleineren Schälchen herausgelöffelt.

Frank meint:
Fuul war und ist der Energielieferant der armen arabischen
Bevölkerung – und dies seit Jahrtausenden. Dieses Rezept
wurde beispielsweise schon in der Bibel erwähnt. Es war schon
früher so lecker, dass Esau wahrscheinlich für ein Schüsselchen
Linsen-Fuul sein Erstgeburtsrecht an seinen Bruder Jakob
verkauft hat. (Tomaten kannte man damals im Land Kanaan
allerdings noch nicht)

Außerdem ist Fuul sehr sättigend und überaus nahrhaft. Der
Nährwert des Gerichts wird freilich durch die Menge des
verwendeten Olivenöls bestimmt.

Auch wenn es damit ein wenig mehr Kalorien werden, so sollte
man doch nicht an der Menge des Olivenöls sparen, denn es ist
gesund und obendrein ein zentraler Geschmacksträger.

Ein kleiner Tipp: frisch gegrilltes Lammfleisch passt perfekt zum
Linsen-Fuul.

Platz für Notizen:

Frittata (z.B. mit Artischocken)

Zutaten für 4 Personen oder 6–8 Personen zur Vorspeise:
1 Glas Artischockenherzen
2 Zwiebeln
2 Knoblauchzehen
4 Esslöffel Olivenöl
8 Eier
Salz, schwarzer Pfeffer

Zubereitung:
Die Zwiebeln und den Knoblauch schälen und ganz fein würfeln.
In einer größeren Pfanne 2 Esslöffel Öl heiß werden lassen,
Zwiebeln und Knoblauch hineingeben und unter Rühren bei
mäßiger Hitze anbraten, bis die Zwiebeln glasig sind. Die
Artischockenherzen kurz mitbraten.

Die Eier in einer Schüssel aufschlagen und mit einer Gabel
verquirlen (nicht schaumig schlagen), mit Salz und Pfeffer
würzen, die Zwiebel-Artischocken-Mischung dazugeben. Die
Pfanne wieder auf den Herd stellen und das übrige Öl darin
erwärmen (vorher saubermachen nicht nötig).

Die Eiermasse eingießen, Temperatur auf schwache Stufe
stellen und ungefähr 10 Minuten warten, bis die Eiermasse in der
Pfanne fest wird. Mit einem Pfannenwender zwischen
Pfannenrand und Frittata fahren und dieses ablösen. Einen
Teller an den Pfannenrand halten und das Frittata darauf
gleiten lassen. Mit einem zweiten Teller wenden und mit der
blassen Seite nach unten nochmals in die Pfanne geben und
rund 3 Minuten weiterbraten.

Nun das Frittata aus der Pfanne holen und abkühlen lassen. Wie
eine Torte in Stücke schneiden und entweder lauwarm oder
kalt servieren.

Birgit meint:
Dies ist eine beliebte Ergänzung zu einer spanischen Tapas-
Tafel oder auf einem italienischen Vorspeisenteller. Das
Gericht passt zu beidem gleichermaßen und lässt sich gut
vorbereiten.

Übrigens: Frittata kann man mit allen möglichen Gemüsesorten
zubereiten, zum Beispiel mit 400 Gramm grünem Spargel
anstelle der Artischocken. Den ungekochten Spargel einfach
5–10 Minuten in der Pfanne mitbraten.

Oder: mit frischem Fenchel. Diesen in feine Scheiben schneiden
und in Gemüsebrühe circa 10 Minuten dünsten, bis er weich wird.

Oder: mit Paprikastücken oder mit Tomaten und Oliven, dann
aber eingelegte Tomaten benutzen. Und Petersilie dazu geben.
Hach – so oder so schmeckt's lecker!

Dazu passt: Weißwein oder Apfelsaftschorle und Ciabatta.

25 x Hauptspeisen

„Trotz aller Mathematik über die Raumgröße, die Länge der Arbeitswege, die zweckmäßige Höhe, die Möbelformen und anderes mehr, entscheidet jedoch über den Charakter und den Wert einer Küche in erster Linie die Art und die Güte der darin hergestellten Mahlzeiten."

(Hermann Gretsch)

Pfälzer Huhn

Altdeutscher Fisch

Boeuf Bourguignon

Huhn africaan

Mediterranes Hühnchen

Geschnetzelte Burgunderleber

Italienischer Ofenfisch

Moussaka

Paella Valenciana

Geschnetzeltes in Sherrysauce

Satarasch

Überbackenes Lammfilet

Pariser Pfeffersteak

Salzburger Brathuhn

Szegediner Gulasch

Fleischklopse mit Meerrettichsauce

Toskanische Schmorkoteletts

Schwäbische Maultaschen

Lammkeule

Schaschlik

Tintenfisch-Ragout

Zunge in Madeira

Gefüllter Schweinebauch mit Apfelweinsauce

Rindergulasch „Wildart"

Lemonato

Pfälzer Huhn

Zutaten für 4 Personen
1 Brathuhn
250 Gramm durchwachsenes Dörrfleisch
0,2 Liter Hühnerbrühe
0,3 Liter trockener Pfälzer Weißwein
150 Gramm Champignons
0,5 Becher süße Sahne
2 Esslöffel Sonnenblumenöl
Salz, Pfeffer
1 Prise Zucker
eventuell Saucenbinder

Zubereitung:
Das Brathuhn in bratfertige Stücke zerteilen. Das Dörrfleisch
mit dem Öl in einen Schmortopf geben und die Hühnerteile darin
kräftig anbraten. Mit der Brühe und dem Weißwein ablöschen,
dann das Gericht würzen. Auf kleiner Flamme schmoren lassen,
bis das Huhn fast gar ist. Die Champignons zugeben und einige
Minuten mitschmoren lassen. Danach mit der Sahne aufgießen
und je nach Geschmack die Sauce etwas abbinden. Dazu
Salzkartoffeln und Rotkraut reichen.

Frank meint:
Jedes Wort ist hier zuviel denn dieses Pfälzer Traditionsrezept
ist mein Lieblingsgericht seit allen Zeiten. Natürlich ist das
„Pfälzer Huhn" nichts anderes als eine regionaltypische
Variante des französischen „Coq au Vin". Aber wahrscheinlich
gibt es dieses Rezept in ähnlicher Form wohl in jedem Land, in
dem Wein angebaut wird und Hühner herumflattern.

Irgendwann kam wohl in jedem dieser Länder ein Koch auf die
Idee, diese beiden Zutaten gemeinsam in einen Topf zu werfen,
um zu sehen, was dabei wohl herauskommt. Gute Idee!

Altdeutscher Fisch

Zutaten für 4 Personen:
800 Gramm Fischfilets mit festem Fleisch, z.B.
Victoriaseebarsch, Kabeljau oder auch Rotbarsch
2 größere Zwiebeln
circa 100 Gramm Butter
1 Esslöffel Senf
circa 100 Gramm Edamer oder Gouda
Salz, Pfeffer
1 Prise Zucker
1 Becher saure Sahne

Zubereitung:
Den Fisch in eine feuerfeste Form legen, salzen und pfeffern.
Die Zwiebeln würfeln und in reichlich geschmelzter Butter
goldgelb braten lassen, in der Zwischenzeit den Senf dünn auf
die Fischfilets streichen. Die Zwiebelwürfel gleichmäßig auf den
Filets verteilen, den Backofen vorheizen.

Ungefähr 100 Gramm Reibekäse mit dem Becher saurer Sahne
und der Prise Zucker vermischen. Ebenfalls über den Fisch
geben. In den Backofen schieben und etwa 20 Minuten bei 160–
180 Grad Celsius backen. Mit dem Obergrill den Käse goldbraun
überkrusten lassen.

Birgit meint:
Das Rezept stammt von unserer Schwägerin Margit, sie hat uns
damit ein leckeres (aber nicht gerade kalorienarmes)
Fischrezept geliefert, das wir immer wieder gern nachkochen.

Dazu passen am besten Salzkartoffeln und ein grüner Salat. Ihr
könnt bei der Wahl der Fischsorte ruhig immer mal was anderes
probieren!

Boeuf Bourguignon

Zutaten für 4 Personen:
1 Kilogramm mageres Rindfleisch
50 Gramm Schmalz
Salz, Pfeffer, Zucker
Rosmarin, 1 Lorbeerblatt, Thymian
2 Knoblauchzehen
0,75 Liter schwerer trockener Rotwein (Burgunder)
1 Schuss Cognac

150 Gramm Zwiebeln (besser Schalotten)
150 Gramm Champignons
150 Gramm durchwachsener Speck oder Dörrfleisch
2 große Möhren
eventuell Saucenbinder

Vorbereitung:
Am Tag vorher: Das in Würfel geschnittene Rindfleisch mit den
Gewürzen, dem Knoblauch und dem Rotwein über Nacht
abgedeckt marinieren lassen. Dann das Fleisch herausnehmen
und sorgfältig trockentupfen. Die Marinade aufheben.

Zubereitung:
Das Fleisch mit dem in grobe Würfel geschnittenen Speck bzw.
Dörrfleisch im heißen Fett sehr kräftig braun anbraten,
herausnehmen und beides in eine ofenfeste Kasserolle geben.

Gewürze, Knoblauch und Rotwein, aber auch Salz, Pfeffer,
Zucker und den Cognac über das angebratene Fleisch und den
Speck geben. Umrühren und zugedeckt bei 175 Grad Celsius im
vorgeheizten Backofen circa 2,5 Stunden garen.

In der Zwischenzeit Zwiebeln bzw. Schalotten und Möhren
putzen und schneiden, kleine Zwiebeln nicht zerschneiden. Die
Möhren längs vierteln und fingerlang abschneiden. Nach einer

Stunde Schmorzeit beides in die Kasserolle geben und umrühren. Eventuell noch etwas Brühe oder Wasser hinzufügen.

Nach einer weiteren Stunde Schmorzeit die gewaschenen Champignons dazugeben. Auch hier gilt: Große Champignons mundgerecht kleinschneiden, kleine Champignons nicht zerschneiden. Wieder alles einmal umrühren.

Kurz vor Ende der Garzeit alles rund abschmecken und eventuell mit Saucenbinder etwas abbinden. Eine ordentliche Prise Zucker nicht vergessen, um den Geschmack abzurunden.

Frank meint:
Das Fleisch soll butterzart, das Gemüse aber nicht zerkocht sein. Dazu gibt es Salzkartoffeln und grüne Bohnen bzw. einfach nur Baguette. Kleiner Tipp: Am nächsten Tag, wenn alles gut durchgezogen ist, schmeckt's nochmals besser.

Birgit meint:
Das Rezept ist ein Liebling sowohl der Kohls'schen wie auch der Hrachowy'schen Familie. Tati hat es uns vor vielen Jahren mal serviert, unabhängig davon Maria, nur mit mehr Möhren, was wir auch so übernommen haben.

Da dieser Klassiker unter den Schmorgerichten wirklich enorm schwer im Magen liegt, was nicht zuletzt davon kommt, dass man zu viel davon gegessen hat, sollte anschließend den von der Anstrengung erblassten Gästen unbedingt ein „Verdauerle" in Form eines hochprozentigen Kräuterschnapses gereicht werden.

Huhn africaan

Zutaten für 4 Personen:
2 Hähnchen
Zwiebeln zu 50 % und (Dosen-)Tomaten zu 50 % Gewichtsanteil der Hühner
Also: 100 % Fleisch und gleiche Menge Tomaten und Zwiebeln
3 Esslöffel Sonnenblumenöl
Salz, Pfeffer
1 kleine Tüte (!) Curry
Streupaprika
etwas Zucker
halbe Dose Erdnussbutter

Zubereitung:
Hühner in bratfertige Stücke zerteilen und im Öl anbräunen.

Alle weiteren Zutaten – ausgenommen die Erdnussbutter – dazugeben. Dann auf kleiner Flamme köcheln lassen, bis die Hühnchenteile und das Gemüse gar sind. Eventuell etwas Wasser hinzufügen.

Zum Schluss reichlich Erdnussbutter unterrühren und das Gericht nochmals abschmecken.

Als Beilage Reis servieren.

Frank meint:
Wenn es überhaupt einen Klassiker unter den Gerichten unserer
Familie gegeben hat bzw. gibt, dann war und ist es wohl dieses
afrikanische Huhn.

Im Laufe der Jahre haben wir dieses Rezept schon viiiiiiele Male
für Gäste und Freunde ausgedruckt. Aus dieser Nachfrage
heraus entstand unsere Rezeptdatenbank, aus der wiederum
dieses kleine Kochbüchlein entstanden ist.

Die kinderleichte Zubereitung in Verbindung mit dem
umwerfenden Geschmack machen dieses Rezept auch für
Koch-Neulinge mehr als interessant.

Birgit meint:
Übrigens ist dieses Rezept auch seit jeher mein persönlicher
Favorit! Ein besonders schönes Nachkoch-Erlebnis konnte Anika
berichten, die ihre Verwandtschaft damit überraschte.

Das Ergebnis:

1.) Erstaunte Gesichter.

2.) Ratzeputz leergegessene Teller und die konkrete
Aufforderung, dieses Gericht so schnell als möglich wieder zu
kochen.

3.) Die noch konkretere Aufforderung der Verwandtschaft,
weitere *„so geile Rezepte"* aus unserem Fundus zu besorgen.

Kein Problem!

Mediterranes Hühnchen

Zutaten für 4 Personen:
1 Brathuhn
2 Zwiebeln
1 Zucchini
2 Paprikaschoten
eventuell 1 Aubergine
3 Zehen Knoblauch
0,25 Liter trockener Weißwein
0,25 Liter Hühnerbrühe (Brühwürfel)
Olivenöl
Rosmarin
Thymian
Oregano
Salz, Pfeffer
1 Prise Zucker

Zubereitung:
Das Huhn in Stücke teilen und im heißen Olivenöl kräftig
anbraten. In eine große Kasserolle geben und das in Scheiben
und Stücke geschnittene Gemüse hinzufügen. Alles mit dem
Weißwein und der Brühe aufgießen und kräftig würzen.

Die Kasserolle nun für rund 60 Minuten bei 180 Grad Celsius in den
Ofen geben, bis das Huhn gar wird. Auf Wunsch den Obergrill
anschalten. Dann jedoch nicht vergessen, die Hühnerteile
zwischenzeitlich zu wenden (siehe Anmerkung unten).

Zum Schluss nochmals abschmecken und die Sauce nach
Geschmack etwas abbinden. Dazu passen Kartoffeln oder
einfach nur Baguette.

Frank meint:
Dieses Rezept gibt es oft bei uns, denn man hat nicht allzu viel
Arbeit damit und es gelingt immer. Besonders gut eignet es sich
auch für größere zu bereitende Mengen, z.B. wenn Gäste
kommen.

Am liebsten mögen wir das Gericht ohne Aubergine, dafür mit
reichlich Rosmarin – dann fühlt man sich wirklich nach
Südfrankreich versetzt.

Und nicht nur wir sind von diesem Rezept begeistert, denn
tatsächlich sagte unsere Freundin Ingeborg H. einmal, dies sei
die wohl leckerste Sauce der Welt.

Da hat sie wahrscheinlich nicht ganz Unrecht ...

Birgit meint:
Bei uns ist das ein typisches „Freitagabendessen", denn dann
haben wir häufig Zeit, gemeinsam zu kochen. Daneben rufen
wir ab und zu Britta an, die dann ohne große Überredungskunst
dazustößt. Oft erwischt sie die „Mediterranes-Hühnchen-
Freitage" – bislang hat sie sich noch nicht darüber beschwert ...

Übrigens: Das Anbraten kann man sich sparen, wenn man einen
Obergrill im Backofen hat. Dazu die Hühnerteile von beiden
Seiten übergrillen und erst 15 Minuten später das Gemüse
zugeben.

Geschnetzelte Burgunderleber

Zutaten für 4 Personen:
500–600 Gramm Kalbs- oder Rinderleber
0,5 Liter Milch zum Einlegen
2 Esslöffel Mehl
4–6 Esslöffel Öl
2 Zwiebeln
0,25 Liter kräftiger trockener Rotwein
0,25 Liter Brühe
Salz, schwarzer Pfeffer
2 Nelken, 1 Lorbeerblatt, Thymian, Rosmarin
eventuell 1 Esslöffel Tomatenmark oder -ketchup

Zubereitung:
Die Leber mindestens 2 Stunden in Milch einlegen, besser 6
Stunden. Danach abwaschen, trockentupfen und für circa 10
Minuten im Frosterfach anfrieren lassen, damit sie sich leichter
schneiden lässt. In bleistiftdicke Streifen schneiden. Mit Mehl
bestäuben und in der Hälfte des Öls anbraten, kurz von allen
Seiten bräunen und wieder aus der Pfanne nehmen.

Die Zwiebel schälen, in feine Würfel schneiden, scharf
anbraten, mit Rotwein ablöschen und die Brühe zugieben. Alles
mit Salz und Pfeffer würzen, Nelke, Lorbeerblatt und
Gewürzkräuter dazugeben. Mit ein wenig Tomatenmark
abschmecken. Eventuell noch etwas andicken und zum Schluss
die Leber in der Sauce aufkochen lassen. Dazu schmeckt Reis
und ein grüner Salat.

Birgit meint:
Eine leckere Alternative, vorausgesetzt man mag Leber. Wobei
man mit diesem herzhaften Rezept sogar Skeptiker für
Innereien begeistern kann. Übrigens auch eine Kochanleitung
aus unserem „Edda-Kochbuch".

Italienischer Ofenfisch

Zutaten für 4 Personen:
700 Fischfilets (Sorte egal – wie es beliebt)
Salz, schwarzer Pfeffer
400 Gramm Tomaten
2–3 Knoblauchzehen
1 rote Zwiebel (eine andere tut es auch)
Basilikum, Petersilie, einige Zweige Rosmarin
1 kleine Peperoncino
4 Esslöffel Olivenöl

Zubereitung:
Backofen auf 200 Grad Celsius aufheizen. Die Fischfilets in
Portionsstücke schneiden, nebeneinander in eine feuerfeste
Form legen, salzen und pfeffern. Tomaten waschen und
halbieren, dann in ganz feine Stücke schneiden. Knoblauch und
Zwiebel schälen und ebenfalls ganz fein schneiden. Kräuter
waschen und trockenschütteln, von den Stielen abzupfen und
auch fein schneiden, den Peperoncino ebenfalls fein
schneiden. Aber Vorsicht: Danach nicht mehr ins Gesicht
fassen!

Zwiebel, Knoblauch und Kräuter mit Peperoncino mischen und
auf die Fischfilets streuen. Tomatenstreifen darauf legen, salzen
und pfeffern. Über das Ganze noch das Öl träufeln, dann in den
Ofen schieben (mittlere Schiene) und circa 15–20 Minuten
backen. Dazu schmecken Rosmarinkartoffeln und natürlich ein
Salat.

Birgit meint:
Ein schönes Sommeressen für die Terrasse, natürlich am besten
mit Kräutern aus dem Garten und reifen Tomaten. Selbst Frank,
der sonst nicht so ein großer Fischesser ist, mag dieses Rezept
sehr gerne! Schmeckt halt auch wirklich nach Italien!

Moussaka

Zutaten für 4 Personen:
600 Gramm gemischtes Hackfleisch
2 Zwiebeln
2 große Tomaten (1 Dose)
500 Gramm Zucchini oder Auberginen
500 Gramm Kartoffeln
1 Glas trockener Weißwein
1 Tasse Olivenöl
100 Gramm Hartkäse zum Bestreuen
Salz, Pfeffer, 1 Prise Zucker

Zutaten für die Béchamelsauce:
50 Gramm Margarine
Mehl
Muskatnuss
Salz, Pfeffer, Prise Zucker

Zubereitung:
Das Hackfleisch im heißen Öl scharf anbraten, dann die
Zwiebeln hinzufügen. Mit Weißwein ablöschen und die
zerkleinerten Tomaten beigeben. Würzen und schmoren lassen,
bis die Sauce andickt.

Nun abwechselnd die Hackfleischsauce, die in Scheiben
geschnittenen rohen Kartoffeln, die ebenfalls in Scheiben
geschnittenen Zucchini oder Auberginen (Auberginen vorher in
Olivenöl kurz von beiden Seiten anbraten!) in eine Auflaufform
schichten. Dabei nicht vergessen, die Kartoffeln und das
Gemüse extra zu würzen.

Für 25 Minuten ins Backrohr (180 Grad Celsius) schieben. In der
Zwischenzeit die Béchamelsauce zubereiten und über das
Moussaka geben. Alles mit Käse bestreuen und nochmals 20
Minuten fertigbacken lassen.

Frank meint:
Moussaka zählt wohl zu den bekanntesten Rezepten aus
Griechenland – und natürlich gibt es unzählige Varianten der
Zubereitung. Wir halten uns an ein Rezept, das wir direkt aus
Griechenland von unserer Hochzeitsreise 1989 mitgebracht
haben. In diesem Rezept wird explizit darauf verwiesen, dass
man Moussaka sowohl mit rohen oder angebratenen Zucchini
als auch mit rohen oder angebratenen Auberginen zubereiten
kann, dass man rohe oder angebratene Kartoffeln zufügen darf
und, und, und ...

Wir nehmen immer rohe Kartoffeln und rohe Zucchini, das
schmeckt uns am besten. Apropos: Noch leckerer schmeckt
Moussaka am nächsten Tag, wenn es wieder aufgewärmt wird.
Dann ist es wunderbar durchgezogen und lässt sich obendrein
viel besser schneiden.

Olivenöl ist in Griechenland ein Grundnahrungsmittel. Dass dies
hier kein eingedeutschtes Rezept ist, wird sofort klar, wenn man
sich die Mengenangabe beim Olivenöl ansieht.

Mit Gewürzen wird in der griechischen Küche eher sparsam
hantiert, so dass alleine die Zutaten über den Geschmack des
Gerichts entscheiden. Und nebenbei: Der Knoblauch wurde
nicht etwa vergessen – es kommt tatsächlich keiner dran.

Birgit meint:
Das Rezept stammt, wie oben bereits erwähnt, aus dem
Kochbuch, das wir von unserer Hochzeitsreise auf Samos
mitgebracht haben. Dort wird in den Rezepten die Ölmenge
nicht in Esslöffeln, sondern in Tassen angegeben. Das hat Frank
auch oben übernommen.

Man kann – wenn man bei der obigen Mengenangabe des Öls
Gewissensbisse bekommt – sicherlich auch eine winzig kleine
Espressotasse nehmen ...

Paella Valenciana

Zutaten für 4 Personen:
150 Gramm Tomaten
1 rote Paprikaschote
150 Gramm frische grüne Erbsen
250 Gramm Calamares
250 Gramm Schweinekotelett
ein halbes Hähnchen oder Kaninchen
Olivenöl
Salz, schwarzer Pfeffer, 2 Knoblauchzehen
500 Gramm Rundkornreis
1 Gramm Safran
2 Liter Fischsud (2 Fischfilets und diverse Wurzelgemüse)
4–8 Riesengarnelen
8–12 Miesmuscheln
2 Zitronen

Zubereitung:
Fischsud aus Fischfilets und Wurzelgemüse ansetzen. Die
Muscheln im Fischsud garen, dann herausnehmen.

Das Öl in einer Paella-Pfanne (eventuell auf einem Grill) erhitzen
und das kleingeschnittene Hühner- und Schweinefleisch scharf
anbraten. Würzen und 10 Minuten schmoren lassen. Die in
Streifen geschnittene Paprika, Erbsen und Knoblauch
dazugeben und andünsten.

Reis hinzufügen und mitschmoren, bis er glasig wird (etwa 5
Minuten). Tomaten und Calamares hinzufügen, würzen und
weitere 10 Minuten schmoren.

Den Reis mit kochend (!) heißem Fischsud aufgießen und Safran
zugeben. Circa 10 Minuten bei schwacher Hitze garen.
Garnelen und Muscheln auflegen und nochmals 10 Minuten
garen. Mit Zitronenvierteln servieren.

Frank meint:
Viele Jahre schon essen wir gerne Paella, doch nie haben wir uns getraut, sie nachzukochen. Dabei ist es gar nicht schwer, wenn man die unten aufgeführten Punkte beachtet:

Wissenswertes zur Paella Valenciana:

- Reis vor dem Kochen nicht waschen und während des Garens nicht umrühren.

- Keine Zwiebeln verwenden, da die Paella „seco", also „trocken" gegessen wird. Mit Zwiebeln wird die Paella matschig (Zwiebelgeschmack ist zudem bereits im Fischsud enthalten).

- Wichtig: Reis nur mit kochender Flüssigkeit aufgießen.

- Flüssigkeitsmenge und Kochzeit hängen von der verwendeten Reissorte ab und differieren stark.

- Hitze kontinuierlich reduzieren, langsam garen.

- Originale Paella Valenciana wird über dem offenen Feuer gegart. Dabei bildet sich am Boden eine schmackhafte Kruste, die sogenannte „Socarrada", die die Paella erst perfekt macht.

Die Paella macht zwar im Vorfeld viel Arbeit, doch ist sie, sofern man die oben aufgeführten Punkte beachtet, auch von Kochanfängern einfach zuzubereiten.

Ach ja: Das Gericht lautet in der spanischen Sprache „Pa-eija", denn Doppel-ll wird eben nicht als Doppel-ll gesprochen, sondern als ij-Diphthong. Dies nur als Hinweis für unseren Freund Helmut K., der sich nun entscheiden muss, ob er im nächsten Urlaub nach Mallorca oder Meijorca fliegt …

Geschnetzeltes in Sherrysauce

Zutaten für 4 Personen:
circa 800 Gramm Fleisch (Hühnerbrust, Putenbrust oder
Schnitzelfleisch)
4 Esslöffel Öl
0,125 Liter Sherry
0,25 Liter Fleischbrühe
1 große Zwiebel oder 3-4 Frühlingszwiebeln
250 Gramm braune Champignons
schwarzer Pfeffer, Salz
1 Prise Zucker
1 Spritzer Zitronensaft
1 Spritzer Worcester-Sauce
1 Becher süße Sahne

Zubereitung:
Das Fleisch fein schnetzeln (in schmale Stifte schneiden), bei
starker Hitze rundum braun anbraten, die Zwiebel fein würfeln
(Frühlingszwiebel in Scheibchen schneiden), dazugeben und
mitschwitzen, die Champignons kurz waschen, in Scheiben
schneiden und ebenfalls mit anschwitzen.

Alles mit Sherry ablöschen, die Brühe dazugeben und würzen.
Ungefähr 10 Minuten köcheln und dabei die Flüssigkeit etwas
reduzieren lassen. Mit Zucker, Zitronensaft und Worcester-
Sauce abschmecken

Die Sahne erst zum Schluss zugeben, dann nur noch ganz leicht
köcheln lassen, eventuell etwas andicken. Dazu schmeckt
Basmati-Reis und grüner oder gemischter Salat.

Birgit meint: Mit Hühnchen- wie mit Schnitzelfleisch ein leckeres
Essen, gerade auch für Gäste gut vorzubereiten. Der Sherry
gibt einen interessanten Geschmack – probiert es mal aus!

Satarasch

Zutaten für 4 Personen:
circa 800 Gramm Schweinegulasch
3 Paprikaschoten, 2 Zwiebeln, 3 Zehen Knoblauch
400 Gramm Tomaten (1 Dose)
0,5 Liter Brühe
Cayenne, Paprika edelsüß
Salz, Pfeffer, Zucker
Sonnenblumenöl
300 Gramm Langkornreis

Zubereitung:
Schweinegulasch scharf anbraten. Die in Streifen
geschnittenen Zwiebeln und Paprikaschoten hinzufügen, den
Knoblauch hineinpressen und alles kurz weiter anbraten. Mit der
Brühe und den zerkleinerten Tomaten aufgießen, würzen und
zugedeckt auf kleiner Flamme schmoren lassen.

In der Zwischenzeit den Reis (keinen Risottoreis nehmen) garen,
so dass das Kochende mit der Garzeit des Gulaschfleisches
ungefähr zusammenfällt. Den gegarten Reis vorsichtig unter das
Satarasch heben und alles nochmals scharf abschmecken.

Frank meint:
Ein weiteres Uralt-Rezept aus unserem Familienfundus. Die
Mengenangaben sind natürlich variabel, denn der Eine mag
lieber mehr Reis essen, während der Andere gerne mehr Fleisch
auf dem Teller sehen möchte.

Besonders lecker wird das Satarasch, wenn man es mit gut
durchwachsenem Fleisch wie beispielsweise Schweinebauch
zubereitet. Dass dieses Balkangericht ordentlich scharf
gewürzt werden sollte, das versteht sich wohl von alleine. Dazu
passt Salat.

Überbackenes Lammfilet

Zutaten für 4 Personen
800 Gramm Lammfilet
200 Gramm Semmelbrösel
Kräuter der Provence (fertige Mischung)
100 Gramm Butter
2 Esslöffel Sonnenblumen- oder Olivenöl
Salz, Pfeffer
1 Prise Zucker

Vorbereitung:
Den Backofen auf 180 Grad Celsius vorheizen. In einem tiefen
Teller die Semmelbrösel mit reichlich Kräutern der Provence
und den restlichen Gewürzen mischen.

Zubereitung:
Die trockengetupften Lammfilets in einer Pfanne in sehr heißem
Öl ganz kurz kräftig anbraten. Die Filets sollen nur Farbe
bekommen, keinesfalls durchgebraten werden! Herausnehmen
und sofort in der Semmelbrösel-Gewürzmischung wälzen.

Diese panierten, warmen Filetstücke schnell nebeneinander in
eine feuerfeste Form legen. Wenn alle Stücke paniert sind und
nebeneinander liegen, die restliche Bröselmischung darüber
verteilen und alles mit reichlich Butterflöckchen belegen. Dies
nun 5-10 Minuten im vorgeheizten Backofen übergrillen.

Oben müssen die Butterflöckchen zerlaufen sein und mit den
Bröseln eine schöne bräunliche Kruste bilden, während das
Lammfilet im Inneren noch rosafarben sein sollte. Dazu
Knoblauchbohnen und Salzkartoffeln oder einfach nur
Baguette reichen.

Frank meint:
Dieses Rezept hat uns förmlich umgeworfen, denn es bricht so
ziemlich mit jeder Konvention – ist aber wohl eines der
leckersten Lammrezepte, das uns jemals untergekommen ist.

Das Rezept haben wir von unseren Freunden Markus und Steffi
aus Aschaffenburg. Es machte sich allerdings schon etwas
Skepsis breit, als wir seinerzeit verwundert feststellen mussten,
dass das Fleisch angebraten und erst danach (!) paniert wurde.

Folgend ein kleiner Trick, um zu testen, in welchem Garzustand
das Filet ist: Das Fleischstück mit einem Finger oder einem
kleinen Löffel leicht eindrücken. Federt das Filet langsam
wieder in seine ursprüngliche Form zurück, dann ist es genau
richtig.

Lässt es sich eindrücken und federt nicht zurück, dann ist es
noch zu roh; lässt es sich überhaupt nicht mehr eindrücken,
dann hat man leider den richtigen Garpunkt verpasst.

Als Faustregel gilt: Fühlt sich das Fleisch beim Eindrücken wie
beim Eindrücken des eigenen Daumenballens an, dann ist es
perfekt. Besonders beim Steakbraten ist dieser Trick
unverzichtbar.

Zugegebenermaßen ist dies nicht gerade Schonkost, trotzdem
sollte an der Butter nicht gespart werden. Dass zu diesem
Lammrezept ein trockener, französischer oder italienischer
Rotwein gehört, muss man wohl nicht extra erwähnen ...

Unbedingt nachkochen!

Pariser Pfeffersteak

Zutaten für 4 Personen:
4 Rindersteaks
4 Teelöffel grüner Pfeffer (eingelegt im Glas)
1 Gläschen Cognac
1 Becher süße Sahne
Salz, schwarzer Pfeffer
1 Prise Zucker
eventuell etwas Saucenbinder
Öl oder Schmalz zum Anbraten

Zubereitung:
Backofen auf 120 Grad Celsius vorheizen.

Dann die Steaks in einer Pfanne in das sehr heiße Öl geben und zwei Minuten anbraten, umdrehen und nochmals zwei Minuten braten. Nicht zwischendurch drehen oder vom Pfannenboden lösen!

In den Bratfond die Pfefferkörner geben und einige Körner zerdrücken, um den Geschmack besser freizusetzen.

Den Cognac darübergießen und vorsichtig anzünden (flambieren). Warten, bis die Flamme erlischt. Danach die Steaks auf einen Teller legen und im vorgeheizten Backofen 5 Minuten ruhen lassen.

Alles mit der Sahne ablöschen und den Fond in der Pfanne lösen. Die Sauce nun mit Salz, schwarzem Pfeffer und einer Prise Zucker abschmecken und eventuell etwas binden.

Danach die Steaks auf im Ofen vorgewärmten (!) Tellern anrichten und die Sauce mit einem Löffel darübergeben. Dazu passen Röstiecken und grüne Bohnen.

Frank meint:
Beim Anbraten von Steaks gibt es einige Dinge zu beachten.
Zuerst muss natürlich eine geeignete Pfanne mit dickem,
planem Boden vorhanden sein – beschichtete Pfannen eignen
sich definitiv nicht zum vernünftigen Anbraten.

In der Pfanne muss das Öl bzw. Schmalz sehr heiß werden, dies
kann man mit einem Wassertropfen testen, den man von seiner
Fingerspitze in die Pfanne schüttelt. Zischt es nicht, ist die
Pfanne noch zu kalt.

Wenn es zischt, dann die trockengetupften Steaks in die Pfanne
geben und in Ruhe lassen. Nach zwei Minuten wenden. Die
Poren haben sich dann geschlossen und das Fleisch lässt sich
problemlos vom Pfannenboden lösen. Jedoch muss das
Steakfleisch dann kurz im Ofen ruhen, um den Fleischsaft auch
nach dem Anschneiden halten zu können.

Natürlich darf ein Steak niemals ganz durchgebraten sein, denn
das schadet dem Fleischgeschmack. Ob ein Steak schön
„medium" gebraten ist, erkennt man an einem einfachen Test.
Mit dem Finger auf das Steak drücken: Lässt es sich sanft
eindrücken und federt wieder zurück, dann ist es perfekt.
(Ausführlicher siehe: Überbackenes Lammfilet)

Ach ja: Beim Flambieren aufpassen! Nicht, dass es Euch so geht
wie mir, der bei Alex und Andrea die Dunstabzugshaube
angekokelt hat. Peinlich, peinlich ...

Aber Pannen haben bei mir und diesem Rezept Tradition (siehe
Kommentar von Birgit).

Birgit meint:
Dies war das allererste Essen, das mir mein Liebster gekocht
hat. Wie es ausgegangen ist, erzähle ich Euch gerne persönlich.

Salzburger Brathuhn

Zutaten für 4 Personen:
1 großes Huhn oder eine Poularde
2 Esslöffel Zitronensaft
2 Päckchen Suppengemüse mit Grün
60 Gramm geräucherter Speck
Salz
1 Bund Petersilie
0,25 Liter Wasser und dazu 1 Brühwürfel Hühnerbrühe
1 Schuss trockener Weißwein
8–12 Kartoffeln
0,125 Liter Sahne
1 Teelöffel Speisestärke

Zubereitung:
Huhn in 8 Stücke zerteilen, mit Zitronensaft beträufeln, das
Suppengemüse kleinschneiden, die Petersilie hacken. Die
Kartoffeln schälen und in 2–4 (je nach Größe) Stücke
schneiden.

Den Speck würfeln. Einen guten Schmortopf mit etwas Öl
erhitzen, darin die Schwarte vom Speck sowie die Hühnerteile
rundherum scharf anbraten (etwa 10 Minuten). Mit Salz und
Pfeffer würzen, den Speck und das Gemüse zum Schluss
mitbraten. Alles mit Weißwein ablöschen, die Brühe hinzugeben
und kurz aufkochen.

Die Kartoffelstücke in eine feuerfeste Form geben und mit Salz
und Pfeffer würzen. Die Hühnerteile und das Gemüse darüber
verteilen – so, dass die Hühnerteile noch etwas Farbe
bekommen können. Nochmals würzen. Wenn der Topf feuerfest
ist und keine Kunststoffgriffe hat, kann man ihn direkt vom Herd
in den Backofen stellen.

Jetzt hat man Zeit für andere Dinge, denn fortan braucht das Essen nur noch wenig Aufmerksamkeit. Vielleicht noch die Kartoffeln im Sud wenden und die Fleischteile einmal umdrehen, damit sie von beiden Seiten Farbe bekommen.

Nach 30–40 Minuten (wenn die Kartoffeln weich sind) die Sahne mit der Speisestärke verquirlen und vorsichtig unter die Brühe heben. Alles nochmals im Ofen richtig heiß werden lassen und zum Schluss fertig abschmecken.

Birgit meint:
Sieht in einer Tonform gut aus und kann so auf den Tisch gebracht werden.

Als wir dieses Rezept vor nicht allzu langer Zeit ausprobierten (wieder aus unserem „Edda-Buch"), hatten wir einen kleinen Rest übrig. Anika kam am nächsten Tag vorbei und wir fragten sie, ob sie Hunger habe und mal ein neues Hühner-Rezept probieren wolle – das wollte sie gerne!

Kurze Zeit später fragte Frank sie, ob es ihr denn geschmeckt habe. Die Antwort: „Wenn ihr mal jemanden zum Weinen bringen möchtet, dann kocht ihm dieses Rezept!" War es so schlecht? „Nein, es ist sooooo lecker, da möchte man fast weinen", so die unorthodoxe Antwort.

Also, probiert es selbst mal aus.

Szegediner Gulasch

Zutaten für 4 Personen:
1 Kilogramm Schweinegulasch
50 Gramm Schmalz oder Sonnenblumenöl
2 Zwiebeln, 2 Paprikaschoten
0,5 Liter kräftige Fleischbrühe (aus Brühwürfel)
1 Lorbeerblatt, Schale einer halben Zitrone (mit
Kartoffelschäler ablösen)
1 Esslöffel Paprika edelsüß und 1 Esslöffel Paprika rosenscharf
1 Teelöffel gemahlener Kümmel, 2 Knoblauchzehen
Salz, Pfeffer, Zucker
500 Gramm Sauerkraut
Schmand oder Saure Sahne

Zubereitung:
Den Schweinegulasch scharf anbraten und das Streupaprika
kurz mit anschwitzen. Dann die in Würfel geschnittenen
Zwiebeln und die in Streifen geschnittenen Paprikaschoten
zugeben und ebenfalls kurz mit anbraten. Mit der Fleischbrühe
aufgießen.

Alle Gewürze und die Zitronenschale zugeben und kochen, bis
das Fleisch weich zu werden beginnt. Dann das Sauerkraut
unterheben und alles gemeinsam fertiggaren lassen. Zum
Schluss nochmals kräftig abschmecken. Dazu passen Knödel
oder Salzkartoffeln. Auf jeden Teller kann ein Klecks Schmand
oder Saure Sahne gegeben werden.

Frank meint:
Das ist ein Klassiker, der mich schon vor 25 Jahren im
Schülerkochkurs am GGG begeistert hat. Geht schnell, macht
wenig Arbeit und schmeckt überaus lecker. Perfekt ist das
Szegediner Gulasch, wenn es im Hintergrund ganz leicht nach
Zitrone schmeckt.

Fleischklopse mit Meerrettichsauce

Zutaten für 4 Personen:
Fleischklopse siehe separates Rezept

Für die Meerrettichsauce:
50 Gramm Mehl
50 Gramm Margarine
0,5 Liter Milch
gekörnte Brühe
Salz, Pfeffer, 1 Prise Zucker
frischer oder 1 Glas geriebener Meerrettich
Kochwasser der Klopse

Zubereitung:
Die Béchamelsauce zubereiten. Dazu in einem Topf die
Margarine zum Schmelzen bringen und das Mehl
darüberstäuben. Kurz anschwitzen und einen Schuss Milch
zugeben. Sofort glattrühren. Dann einen weiteren Schuss Milch
hinzugeben und wieder glattrühren. Nicht zu viel Milch
hinzugeben, sonst klumpt die Mehlschwitze.

Wenn alle Milch untergerührt wurde und eine dicke
Mehlschwitze entstanden ist, so viel Brühe aufgießen, bis sich
die gewünschte Saucenkonsistenz ergibt. Mit Salz, Pfeffer,
Zucker und gekörnter Brühe würzen und die vorgegarten
Klopse hineinlegen. Erst kurz vor dem Servieren den Meerrettich
unterrühren, da er sonst sein ganzes Aroma verliert.

Frank meint:
Dieses Rezept ist ein schöner Ersatz für klassischen Tafelspitz
mit Meerrettichsauce, der einerseits recht zeitaufwändig
gekocht werden muss und obendrein ja auch kein billiges
Vergnügen ist. Dazu passen Reis bzw. Salzkartoffeln und grüner
Salat.

Toskanische Schmorkoteletts

Zutaten für 4 Personen:
8 Schweine-Koteletts
Olivenöl zum Anbraten
0,5 Liter Fleischbrühe
2 große Zwiebeln
3 Knoblauchzehen
2 Gläser Cipolle agridolce (eingelegte Zwiebeln)
Balsamico-Essig
Salz, Pfeffer
1 Prise Zucker
eventuell etwas Saucenbinder

Zubereitung:
Die Koteletts trockentupfen und in reichlich Olivenöl scharf
anbraten, dann zur Seite legen. Als nächstes die in Würfel
geschnittenen Zwiebeln scharf anbraten.

Das Fleisch wieder hinzufügen und mit der Fleischbrühe
auffüllen. Dann den Knoblauch und die Gewürze hinzugeben.
Die eingelegten Cipolle agridolce in der Mitte durchschneiden
und mit der gesamten Lake in den Topf geben.

Die Koteletts und die Zwiebeln auf kleiner Flamme schmoren,
bis das Fleisch zart ist und die Zwiebeln gar sind. Abschmecken,
einen Schuss Balsamico hinzufügen und eventuell die Sauce
noch etwas abbinden. Dazu passen Salzkartoffeln und grüner
Salat.

Frank meint:
Dieses Schmorrezept haben wir in einem Bergdorf in der Toskana vorgesetzt bekommen, als wir mit Ralf und Elke dort im Jahr 1993 Urlaub machten. Wir waren vollkommen begeistert davon, konnten es aber nicht nachkochen, weil wir nicht wussten, wie der spezifische Geschmack dieses Gerichts zustande kam.

Nach einiger Zeit fielen uns die Cipolle agridolce in die Hände, die es in ganz Italien und mittlerweile auch in Deutschland zu kaufen gibt. Cipolle agridolce sind kleine flache Zwiebelchen, die süß-sauer in Balsamico eingelegt werden.

Wir haben das Rezept vor einigen Jahren für gute Freunde während eines Toskana-Urlaubs gekocht. Edith und Günter waren davon so angetan, dass sie erst einmal Messer und Gabel weglegen mussten, um ihrer Begeisterung über den Geschmack der Schmorkoteletts Herr zu werden.

Und tatsächlich: Dieses Rezept ist einfach sagenhaft lecker und obendrein leicht nachzukochen.

Birgit meint:
Als es die Cipolle hier in Deutschland noch nicht zu kaufen gab, musste mein „alter" Chef Dr. Carl B. uns diese immer aus der Toskana mitbringen. Er hat diesen Botendienst brav übernommen – ein Hoch auf ihn! (Dazu gab es dann auch immer eine Weinlieferung, sehr nett!)

Schwäbische Maultaschen

Zutaten für 4 Personen:
Für die Füllung:
2–4 altbackene Brötchen
1 Tasse warme Milch zum Einweichen
1 Kilogramm gemischtes Hackfleisch
250 Gramm Spinat
2 Zwiebeln
2–4 Eier
Petersilie
Salz, Pfeffer
1 Prise Zucker
Muskatnuss
etwas Butter

Für den Nudelteig:
350 Gramm Mehl
4 Eier
3 Esslöffel Wasser
Essig, Salz

Zubereitung:
Den Nudelteig zubereiten und kneten, bis er glatt ist. Dann 30
Minuten ruhen lassen. Für die Füllung werden die Zwiebeln
geschält und fein geschnitten, danach leicht angedünstet. In
einer großen Schale das Hackfleisch mit der gedünsteten
Zwiebel, der gehackten Petersilie, den (vorher in Milch
eingeweichten und zerkleinerten) Brötchen, den 3 Eiern (1 Ei für
später aufheben) und den Gewürzen mischen. Dann mit den
Händen kräftig durchkneten, bis es eine geschmeidige Masse
ergibt. Sollte die Masse zu trocken werden, noch etwas Milch
oder Wasser zugeben, sollte die Füllung zu matschig sein, so hilft
ein wenig Paniermehl.

Nun den vorbereiteten Teig circa 2 mm dick zu einem 30 cm breiten Band ausrollen. Die Ränder gerade abschneiden. Dann die Füllung in der Mitte des Teigs als 10 cm breiten Streifen verteilen und die Masse glattstreichen. Jetzt einen Teigrand nach innen auf die Füllung klappen und den Rand mit dem Eigelb des vierten Eis bepinseln. Schließlich den zweiten Streifen des Teigs darüberklappen und die beiden Teigränder fest zusammendrücken. Dann mit dem Stiel eines Kochlöffels 5–6 cm lange Taschen abteilen. Den entstandenen Rand fest zusammendrücken und mit einem Teigrädchen die einzelnen Maultaschen voneinander trennen. Im letzten Schritt werden die Maultaschen bei mittlerer Hitze 12–15 Minuten in heißem Wasser oder (besser) in Fleischbrühe gegart.

Frank meint:
Serviert werden Maultaschen zumeist mit Schwäbischem Kartoffelsalat, häufig auch als Einlage in einer kräftigen Fleischbrühe oder einfach nur mit geschmälzten Zwiebeln und gebräunter Butter.

Zur Entstehung dieses nicht ganz einfach herzustellenden Gerichts gibt es verschiedene Legenden. Eine davon ist, dass auf diese Weise die Zisterziensermönche des Klosters Maulbronn (daher auch der Name Maultasche) in der Fastenzeit das Fleisch vor den Augen Gottes verstecken wollten. So mischten die Mönche das zerkleinerte Fleisch unter allerlei Grünzeug und versteckten es obendrein in einem Teigfladen. Dieser spitzbübische Einfall bescherte den Maultaschen im Volksmund auch ihren Beinamen „Herrgottsbscheißerle".

Birgit meint:
Natürlich braucht man für die Zubereitung von Maultaschen ziemlich viel Zeit. Aber warum nicht einmal Gäste zum gemeinsamen Kochen und Essen einladen? Dann hat man die Zeit vor dem Essen in jedem Fall unterhaltsam verbracht.

Lammkeule

Zutaten für 4 Personen:
Eine Lammkeule mit Knochen, circa 2 Kilogramm
3-5 Knoblauchzehen
Salz
frisch gemahlener schwarzer Pfeffer
4 Esslöffel Olivenöl
1 Esslöffel Rosmarinnadeln
1 Prise Zucker
50 Gramm Butterschmalz
0,25 Liter Fleischbrühe
0,25 Liter Rotwein

Zubereitung:
Die Knoblauchzehen schälen, mit einem spitzen Messer in Stifte schneiden, die Keule in regelmäßigen Abständen mit dem Messer einritzen und die Knoblauchstifte einstecken. Nicht zu tief einschneiden, nur in die Haut!

Das Fleisch mit Salz und Pfeffer würzen, mit Öl einreiben, die Rosmarinnadeln zu den Knoblauchstiften stecken, die restlichen über die Keule streuen. Die Lammkeule in Alufolie packen und mindestens für 3 Stunden, besser aber über Nacht, ruhen lassen.

Backofen auf 220 Grad Celsius aufheizen, die gebeizte Keule in eine Form legen, das Butterschmalz in einem Pfännchen erwärmen und heiß über die Keule gießen.

Danach die Keule in den Backofen schieben und nach 10 Minuten die Temperatur auf 180 Grad Celsius reduzieren. Nach weiteren 15 Minuten die Keule das erste Mal mit einem Brühe-Wein-Gemisch begießen. Dann immer mal wieder beträufeln.

Wer die Keule innen noch rosa haben möchte, rechnet 15 Minuten pro 500 Gramm Fleisch, wer sie lieber durchgegart mag, ungefähr 20 Minuten pro 500 Gramm Fleisch. Also für eine größere Keule nach dem Reduzieren der Temperatur noch ungefähr 80 Minuten Garzeit einrechnen.

Für die Sauce: Den Bratenfond abgießen und daraus eine Sauce machen, beispielsweise mit einem Schuss Rotwein. Kräftig abschmecken, eventuell noch abbinden.

Birgit meint:
Dies ist natürlich ein Gericht, dessen Zubereitung recht viel Zeit in Anspruch nimmt. Aber so einmal im Jahr mache ich trotzdem eine Lammkeule: Es lohnt sich in jedem Fall – vorausgesetzt, die Gäste mögen Lamm.

Man sollte gerade eine Lammkeule nur bei einem Fleischer kaufen, der vertrauenswürdig ist und einem auch wirklich junges Lamm und kein uraltes Hammelbein verkauft.

Dazu passen Annakartoffeln (siehe Beilagen) und Thymian- oder Speckbohnen. Um die Sauce kümmert sich unterdessen Frank, der alte Saucenmichel ...

Frank meint:
Schon immer wird die Lammkeule bei uns von Birgit gemacht. Das ist auch gut so, denn besser geht es nicht!

Schaschlik

Zutaten für 4 Personen:
1 Kilogramm durchwachsener Schweinenacken
4 große Zwiebeln
3 Paprikaschoten
1 Dose geschälte Tomaten
1 Glas Letscho (in Essig eingelegtes Paprika-Tomaten-Gemüse)
ein großes Stück gut durchwachsenes Dörrfleisch
Salz, Pfeffer
1 Esslöffel Zucker
Worcester-Sauce
1 Knoblauchzehe
Tomatenmark
Paprikapulver rosenscharf
Schaschlikspieße (Holz oder Metall)
Sonnenblumenöl oder Schmalz zum Anbraten

Zubereitung:
Das durchwachsene Schweinefleisch in rechteckige Stücke
schneiden (Kantenlänge ungefähr 4 cm), das Dörrfleisch
ebenso. Die Hälfte der Zwiebeln (2 Stück) vierteln und
nochmals quer durchschneiden.

Jetzt die Spieße aufstecken. Dazu mit einem Fleischstück
beginnen, dann ein Zwiebelstück und ein Dörrfleischstück und
so weiter. Die Zutaten dabei ordentlich zusammendrücken, sie
müssen eng aneinander liegen. Das Zusammenstecken mit
einem Fleischstück beenden. Wichtig: Paprikastücke gehören
definitiv nicht mit dazu, denn sie werden beim Anbraten bitter
und fallen außerdem beim Garen vom Spieß.

Das Schaschlik nun mit reichlich Öl oder Schmalz anbraten, bis
es rundherum schön braun ist. Dabei die Schaschlikspieße
immer wieder wenden!

In der Zwischenzeit die restlichen beiden Zwiebeln in Ringe schneiden und mit dem in Streifen geschnittenen Paprika andünsten. Die Dörrfleischrinde und die übrig gebliebenen Knochen hinzugeben und mit den grob zerteilten Tomaten aus der Dose und dem Letscho ablöschen. Mit allen Gewürzen und etwas Tomatenmark abschmecken und aufkochen lassen. Eine kräftige Prise Zucker (1 Esslöffel) nicht vergessen. Dann die angebratenen Schaschlikspieße dazu geben, die von der Sauce bedeckt sein müssen.

Den Bratensatz der Pfanne, in der die Spieße angebraten wurden, mit etwas Flüssigkeit lösen und über die Schaschliksauce geben. Mit 150 Grad Celsius im Ofen rund 100 Minuten schmoren, bis das Fleisch und das Dörrfleisch schön zart sind. Danach nochmals kräftig abschmecken und mit Reis oder Baguette servieren.

Frank meint:
Wir verwenden für das Schaschlik Letscho, das vor allem in der ehemaligen DDR ziemlich bekannt war. Hier kennt man es zwar noch nicht so gut, aber trotzdem gibt es Letscho auch „im Westen" mittlerweile in jedem gutsortierten Lebensmittelgeschäft zu kaufen.

Beim Fleisch muss man ein gut durchwachsenes Stück (oder Koteletts) nehmen. Auf keinen Fall aber – wie in einigen Rezepten empfohlen – Schweinelachsbraten, Lende oder Ähnliches. Denn an diesem Fleisch ist nicht genügend Fett; das Schaschlik würde trocken und fad schmecken.

Gut eignen sich Schweinenacken und Kammkoteletts, denn deren Fleisch hat einen ordentlichen Fettanteil und die Knochen kann man mitschmoren. Perfekt wird das Schaschlik, wenn man die Spieße am Vortag zubereitet und über Nacht im Kühlschrank durchziehen lässt. Nach diesem Marinieren schmecken die Schaschlikspieße noch intensiver.

Tintenfisch-Ragout

Zutaten für 4 Personen:
1 Kilogramm Oktopus, Sepia oder Kalmar
2 Zwiebeln
2 Paprikaschoten
2 Knoblauchzehen
1 Dose Tomaten
8 Esslöffel Olivenöl
0,25 Liter trockener Weißwein
Salz und Pfeffer
Zucker
3 Lorbeerblätter
Rosmarin
Thymian

Zubereitung:
Den Tintenfisch in 3–5 cm breite Stücke schneiden und in
reichlich Olivenöl anbraten. Die Zwiebeln in Streifen schneiden
und mit dem feingehackten Knoblauch sowie den ebenfalls in
Streifen geschnittenen Paprikaschoten weiter andünsten. Alles
mit dem Weißwein ablöschen.

Danach die grob gehackten Tomaten und die Lorbeerblätter
zugeben. Alles abschmecken und auf kleiner Flamme rund 60
Minuten köcheln lassen, bis das Fleisch zart ist.

Zum Schluss nochmals abschmecken und (am besten im
Garten) mit Reis und einem gekühlten, trockenen Weißwein
oder einer Apfelsaftschorle servieren.

Frank meint:
Ganz und gar nicht egal ist, ob man das Gericht mit einem
achtarmige Oktopus oder aber mit einem zehnarmigen Kalmar
bzw. Sepia zubereitet.

Der achtarmige Oktopus ist von Natur aus sehr zäh, was sich
aber durch langes Schlagen des Fleisches auf einen Felsen
(sieht man oft am Mittelmeer) oder aber durch Tiefgefrieren
beheben lässt.

Das spare ich mir lieber, deshalb verwende ich nur Kalmar bzw.
Sepia, den es in großen Lebensmittelabteilungen (bspw. bei
Globus) ausgenommen und tiefgefroren zu kaufen gibt. Das
Fleisch ist ganz zart und schmeckt nur leicht nach Fisch bzw.
Meer.

In diesem mediterranen Gericht, das je nach persönlichem
Geschmack mit Weiß- aber ebenso mit Rotwein zubereitet
werden kann, ist Lorbeer ein wichtiger Geschmacksträger.
Deshalb sollte mit Thymian und Rosmarin ein wenig gespart
werden, um das eher schwache Lorbeeraroma nicht zu
übertünchen.

Dieses Gericht haben wir bei Tati und Ec gekocht, die
vollkommen begeistert waren. Selbst die Kinder Soraya und
David haben fleißig gemampft und waren danach überzeugt,
dass ein Kalmar nicht notgedrungen als goldenfrittierter
Bierteigkringel enden muss.

Ein Wort noch zu den Tomaten: Ich verwende für solche
mediterranen Gerichte grundsätzlich Dosentomaten. Die sind
stets zur Hand, vollreif geerntet und deshalb extrem
aromatisch.

Zunge in Madeira

Zutaten für 4 Personen:
1 Rinderzunge (fertig vorbereitet beim Metzger kaufen)
0,1 Liter trockener Madeira bzw. Sherry
50 Gramm Mehl
50 Gramm Margarine
0,5 Liter Milch
1,5 Liter Brühe
Salz, Pfeffer
1 Prise Zucker
eventuell 1 Schuss süße Sahne

Zubereitung:
Um die Béchamelsauce zuzubereiten, aus dem Mehl und der
Margarine eine Mehlschwitze herstellen. Dazu in einem Topf die
Margarine schmelzen und das Mehl darüberstäuben. Kurz
anschwitzen und einen Schuss Milch zugeben. Sofort
glattrühren. Dann einen weiteren Schuss Milch zufügen und
wieder glattrühren. Nicht zu viel Milch hinzugeben, sonst klumpt
die Mehlschwitze!

Wenn alle Milch untergerührt wurde und eine dicke
Mehlschwitze entstanden ist, langsam mit der heißen Brühe
aufgießen, bis die gewünschte Saucenkonsistenz erreicht wird.
Den trockenen Madeira bzw. Sherry einrühren und alles mit Salz,
Pfeffer und einer Prise Zucker würzen. In diese heiße Sauce
werden die ca. 1,5 cm dicken vorgegarten Zungenscheiben
gelegt.

Nicht mehr kochen, sondern auf kleiner Flamme einige Minuten
ziehen lassen, bis die Fleischscheiben richtig heiß sind. Eventuell
noch einen Schuss süße Sahne zur Sauce geben. Zu diesem
Nobelgericht gehören Salzkartoffeln und grüne Bohnen.

Frank meint:
Die unermesslich großen Büffelherden Nordamerikas wurden im 19. Jahrhundert fast ausgerottet, weil Indianer wie Neusiedler auf die Idee kamen, von den geschossenen Tieren nur noch das edelste Fleischstück zu essen – die Zunge.

Kein Wunder: Dezent im Geschmack und butterzart entspricht sie so gar nicht dem unscharfen Negativbild, das viele Deutsche von ihr haben.

Die (häufig bereits leicht gepökelte) Rinderzunge, die man vorgekocht und abgezogen beim gutsortierten Metzger kaufen kann, ist weder glitschig noch sonst irgendwie eklig. Abraten muss ich aber davon, die Zunge ohne die Vorarbeit des Metzgers zu kaufen!

Insgesamt ist so eine Rinderzunge natürlich kein billiges Essen. Das Zusammenspiel von butterzartem Fleisch und cremiger Madeirasauce sollte man sich aber trotzdem nicht entgehen lassen. Zunge in Madeira bietet unzweifelhaft ein begeisterndes und durchaus ungewöhnliches Geschmackserlebnis.

Ein Kommentar darf hier erst stehen, wenn Du das Gericht auch wirklich ausprobiert hast:

Gefüllter Schweinebauch mit Apfelweinsauce

Zutaten für 8 Personen:
2,5 Kilogramm Schweinebauch (vom Metzger ausgehöhlt und
die Schwarte rautiert), Sonnenblumenöl

Für die Füllung:
1 Kilogramm gemischtes Hackfleisch
1 Zwiebel, 1 Dose Champignons, 2 Äpfel
1 Knoblauchzehe, 3 Eier, 2 altbackene Semmeln
Salz, Pfeffer, Zucker, 1 Esslöffel Paprika edelsüß
1 Teelöffel gemahlener Kümmel

Für die Sauce:
1 Liter Apfelwein, 3 Zwiebeln, 2 Möhren
1 Stange Lauch, 50 Gramm Sellerie
2 Zehen Knoblauch, Tomatenmark
Salz, Pfeffer, Zucker, 1 Esslöffel Paprika edelsüß

Zubereitung:
Füllung zubereiten laut Rezept für Frikadellen und Fleischklopse.
Zur Füllung die Champignons und Apfelstücke geben. Den vom
Metzger an der Oberseite rautig und in der Mitte zur Tasche
aufgeschnittenen Schweinebauch mit der kräftig
abgeschmeckten Füllung stopfen und das Ende des Bauches
zunähen. Scharf von allen Seiten anbraten. Danach den Braten
aus der Pfanne nehmen und in eine große Kasserolle legen. In
der benutzten Pfanne derweil das kleingeschnittene Gemüse
scharf anbraten. Danach mit der Hälfte des Apfelweins
aufgießen und den Fond vom Pfannenboden lösen. Ebenfalls in
die Kasserolle geben und alles im vorgeheizten Backofen für 3
Stunden bei 160 Grad Celsius abgedeckt schmoren lassen.

Nach den 3 Stunden die Abdeckung vom Braten nehmen und
die Kruste während der letzten Stunde Garzeit (insgesamt rund
4 Stunden) regelmäßig mit etwas Salzwasser bestreichen – das

macht sie knusprig. Die Sauce und das Gemüse abgießen. Das
Gemüse eventuell pürieren, damit die Sauce schön sämig wird.
Mit dem restlichen Apfelwein aufgießen, etwas Tomatenmark
hinzufügen und auf kleiner Flamme weiterköcheln. Zum Schluss
die Sauce rund abschmecken. Den Braten in dicke Scheiben
schneiden und mit der Sauce servieren. Dazu passen am
besten selbstgemachte Knödel und ein leckeres Gemüse.
Rotkraut schmeckt zu dieser fruchtigen Sauce nicht so gut,
besser sind grüne Bohnen, Schwarzwurzeln oder Möhren.

Frank meint:
Auch dieses Gericht gehört zum uralten Familienfundus. Es ist
das richtige Rezept, wenn sich viele Gäste angemeldet haben,
die gerne kräftig und gut essen. Und: Dass ein geschmorter
Schweinebauch geschmacklich intensiver schmeckt als eine
langweilige Lende, das weiß wohl mittlerweile fast jeder. Leider
mögen viele Gäste keinen Schweinebauch, daher gibt es bei
uns dieses Gericht nur gegen Voranmeldung. Dass der gefüllte
Schweinebauch nicht zum Supergau auf der Hüfte wird,
verhindert die Füllung aus Hackfleisch.

Da sich der Schweinebauch schlecht für lediglich vier
Personen kochen lässt, wurde hier ausnahmsweise die Menge
für die doppelte Personenzahl angegeben. Eine andere
Möglichkeit besteht natürlich darin, mit vier Leuten ordentlich zu
essen und den Rest dann einzufrieren oder in den nächsten
Tagen mit frischem Brot zu genießen. Wegwerfen mussten wir
jedenfalls noch nie etwas davon ...

Birgit meint:
Einspruch! Also Franks verallgemeinernde Ansicht zur
„langweiligen Lende" teile ich sooooooo nicht ganz!

Liebe Mädels: Bewaffnet Euch bei der Vorbereitung schon mal
mit einer dicken Nadel und festem Garn zum Zunähen des
Bauches. Das kostet selbst bei Teamwork einige Energie!

Rindergulasch „Wildart"

Zutaten für 4 Personen:
1 Kilogramm Rindergulasch
0,4 Liter kräftiger Rotwein, 50 Gramm fetter Speck
4 Zwiebeln, 1 Nelke, 1 Lorbeerblatt, 1 Zehe Knoblauch
Pfefferkörner, Wacholderbeeren, Piment
3 Esslöffel Öl, Salz, 0,25 Liter Wasser
1 Teelöffel Senf, 1 Brühwürfel, Thymian, Majoran
0,1 Liter Sahne
1 Dose Pfifferlinge (besser: frische oder getrocknete)

Zubereitung:
Gulasch am Abend vorher mit Rotwein und Gewürzen
vermengen und marinieren lassen. Die getrockneten
Pfifferlinge in einer separaten Schüssel einweichen. Am
nächsten Tag abgießen (alle Marinade aufheben),
trockentupfen, den Speck würfeln und in einer Pfanne
auslassen. Darin das Fleisch rundum kräftig anbraten.

Die grob gehackten Zwiebeln noch kurz mitbraten und mit der
Rotweinmarinade ablöschen, Wasser und Brühe dazugeben
und aufkochen lassen. Gewürze zugeben und auf kleiner
Flamme köcheln lassen, gegebenenfalls verdampfende
Flüssigkeit ersetzen. Das Fleisch braucht ungefähr 90 Minuten
bis es weich ist. Zum Ende der Kochzeit die Pfifferlinge
dazugeben und eventuell mit Sahne (mit Speisestärke
vermengt) abbinden. Kräftig abschmecken.

Frank meint:
Dieses Rezept ist nichts für heiße Sommermonate, sondern ein
klassisches Wildrezept für den Herbst. Da wir eigentlich nicht so
große Wildfans sind, bereiten wir das Gulasch mit Rindfleisch zu.
Dazu gibt es selbstgemachte Spätzle oder Knödel und Rotkraut.
Ein Traum!

Lemonato

Zutaten für 4 Personen:
1 Kilogramm Kotelettfleisch
1 Paprikaschote, 2 Zwiebeln, 1 Zehe Knoblauch
1 Zitrone, 0,2 Liter Brühe
Paprika edelsüß, Salz, Pfeffer, Zucker
Sonnenblumenöl, 1 Becher süße Sahne

Zubereitung:
Das in mundgerechte Stücke geschnittene Fleisch sehr scharf
anbraten. Die in Streifen geschnittenen Zwiebeln und
Paprikaschoten hinzufügen, Knoblauch hineinpressen und alles
kurz weiter anbraten. Mit Brühe und Saft der Zitrone aufgießen,
würzen und in den vorgeheizten Ofen schieben. Dabei den
Obergrill mitlaufen lassen. Alle 10 Minuten das Gericht umrühren,
damit alle Zutaten gleichmäßig Grillgeschmack annehmen.
Sobald das Fleisch gar ist, die Sahne hinzugeben. Das Lemonato
final abschmecken, eventuell noch etwas abbinden.

Birgit meint:
Dieses Schmorgericht gibt es bei unserem Griechen in
Eidengesäß. Es ist eine wunderbare Abwechslung im ewigen
kurzgebratenen Souvlaki- und Bifteki-Einerlei. Immer nett ist
auch die stereotype Frage des griechischen Wirts beim
Abräumen des leeren Tellers: „Gutsmeck?"

Nebenbei ist es auch ein absolut landestypisches Rezept, denn
es verzichtet auf raffinierte Würze, seltene Kräuter und
aufwändige Zubereitung. Wie so oft in griechischen Gerichten,
die nicht für den deutschen gutbürgerlichen Geschmack
zurechtfrisiert wurden, geben lediglich die Zitrone und die
Röststoffe des Anbratens und Übergrillens dem Lemonato seine
spezielle Note. Dazu Baguette, Röstiecken oder Reis und
Tomatensalat.

7 x Nudeliges

„Die Entdeckung eines neuen Gerichts ist für das Glück der Menschheit von größerem Nutzen als die Entdeckung eines neuen Gestirns."

(Jean Anthelme Brillat-Savarin)

Sauce Amatrice

Lasagne

Spaghetti Carbonara

Sauce Bolognese

Sauce Francoebirgoli

Shrimps in Sahnesauce

Gorgonzola-Sauce

Sauce Amatrice

Zutaten für 4 Personen:
200 Gramm Dörrfleisch oder Schinkenspeck
2 Zwiebeln
1 scharfe Peperoni
2 Zehen Knoblauch
4 große vollreife Tomaten (2 Dosen)
4-8 Esslöffel Olivenöl
100 Gramm Hartkäse zum Bestreuen
Salz, Pfeffer, 1 Prise Zucker

Zubereitung:
Schinkenspeck, kleingeschnittene Zwiebeln und Peperoni in
einer Pfanne mit reichlich Olivenöl anbraten. Wenn die Zwiebel
glasig gebraten ist, die zerkleinerten Tomaten und die Gewürze
zugeben. Mindestens 30 Minuten köcheln, bis die Sauce dick und
merklich dunkler wird. Kräftig abschmecken. Mit Pasta servieren
und eventuell mit Parmesan überstreuen.

Frank meint:
Diese scharfe Sauce Amatrice ist einfach zu kochen und
schmeckt umwerfend lecker. Wohl aus diesem Grund ist sie ja
auch ein Klassiker der italienischen Küche. Gerade hier zeigt
sich die Qualität der traditionellen italienischen Kochkunst, die
es mit lediglich einer Handvoll Zutaten versteht, vollkommen
unterschiedliche Gerichte und Geschmacksnuancen zu
zaubern.

Der wundervolle Geschmack dieser Sauce entsteht sowohl
durch das Zusammenspiel von Räucherspeck und reifen
Tomaten als auch durch das kräftige Aroma des (reichlich zu
verwendenden) Olivenöls sowie die Schärfe der Peperonis.
Kleiner Tipp: Am nächsten Tag schmeckt die Sauce doppelt so
gut.

Lasagne

Zutaten für 4 Personen:
500–750 Gramm gemischtes Hackfleisch
2–3 Dosen Tomaten
Olivenöl
3–4 Zwiebeln
Salz, Pfeffer
1 Prise Oregano
1–2 Knoblauchzehen
0,3 Liter Rotwein zum Ablöschen
300 Gramm Lasagne-Platten (vorgekocht)
0,5 Liter Milch
circa 50 Gramm Butter oder Margarine
2 Esslöffel Mehl
Parmesankäse gerieben
Gekörnte Brühe
Geriebener Käse zum Bestreuen

Zubereitung:
Das Hackfleisch im Olivenöl gut anbraten, bis es durchgängig
braun und körnig ist. Erst danach die gewürfelten Zwiebeln
dazugeben und glasig schmoren, mit Rotwein ablöschen.
Knoblauch und Tomaten dazugeben. 45 Minuten köcheln
lassen, bis die Sauce etwas reduziert ist. Dann mit Salz, Pfeffer,
Zucker und Oregano abschmecken. Den Backofen vorheizen.

Eine passende Backofenform (am schönsten ist eine Tonform)
mit Olivenöl ausreiben, eine dünne Schicht Sauce auf den
Boden geben, dann eine Schicht Nudelplatten (leicht
überlappend) darauf legen, darüber wieder eine Schicht
Sauce und danach Nudelplatten. Zuoberst sollte die
dickflüssige Hackfleischsauce alles überdecken. Dann die
Lasagne im vorgeheizten Backofen bei 200 Grad Celsius circa
30–40 Minuten garen lassen.

In dieser Zeit die Béchamelsauce anrühren. Dazu in einem separaten Topf das Fett (Butter oder Margarine) schmelzen, mit dem Mehl bestäuben und gleich mit einem Schuss Milch ablöschen. Ständig mit einem Schneebesen rühren, nach und nach die Milch zugeben, mit Salz, Pfeffer und etwas Muskatnuss sowie der Brühe würzen.

Zum Schluss noch den Parmesan nach Geschmack dazugeben. Die Sauce darf nicht zu dünn sein, ansonsten mit etwas Saucenbinder andicken.

15 Minuten vor Ende der Backzeit die Béchamelsauce über die Lasagne verteilen und den geriebenen Käse daraufstreuen. Dann fertigbacken.

Wenn der Käse schön braun und knusprig ist, mit einem scharfen Messer prüfen, ob die Nudeln schon weich bzw. al dente sind.

Dazu einen gemischten Salat reichen.

Frank meint:
Die Nudelplatten sollten vorgekocht oder frisch sein. Am leckersten sind natürlich die selbstgemachten Nudeln aus der Nudelmaschine – aber dazu braucht man etwas Zeit und Übung.

Äußerst hilfreich ist dabei ein Trockenständer für Nudeln, wie wir ihn von Alex und Andrea geschenkt bekommen haben. Dieses praktische Utensil sieht aus wie eine Wäschespinne – nur trocknen eben Nudeln daran. Sehr praktisch, vielen Dank nochmals dafür!

Nebenbei: Lasagne wird in unserem italienischen Rezept tatsächlich weder mit Karotten, Champignons oder Sellerie noch sonst irgendwelchen passenden oder unpassenden Zutaten zubereitet. Wir halten uns auch strikt daran, denn es muss ja nicht jede italienische Sauce gleich schmecken. Variatio delectat!

Spaghetti Carbonara

Zutaten für 4 Personen:
250 Gramm Schinkenspeck bzw. Dörrfleisch
4 Esslöffel Oliven- oder Sonnenblumenöl
1 Becher süße Sahne
2 Eier
2 kleine Zehen Knoblauch
50 Gramm Parmesan (gerieben)
50 Gramm Emmentaler (gerieben)
1 Prise Cayenne, Salz, schwarzer Pfeffer
1 ordentliche Prise Zucker
500 Gramm Spaghetti

Zubereitung:
Spaghettiwasser mit Salz und etwas Olivenöl ansetzen. Derweil das Öl in eine große Pfanne geben und den gewürfelten Schinkenspeck auslassen. Dabei öfter umrühren. Die Spaghetti ins kochende Wasser geben.

Während die Nudeln köcheln, den fein gewürfelten Knoblauch zu den ausgelassenen Schinkenspeckwürfeln geben. Schinkenspeckwürfel und Knoblauch auf kleiner Flamme braten, bis beides hell- bzw. goldbraun wird.

Zwischenzeitlich in einer Rührschüssel die beiden Eier, Salz, Pfeffer, Zucker, Sahne und beide Käsesorten verkleppern und zur Seite stellen.

Sobald die Spaghetti al dente sind, die Pfanne mit dem Speck auf volle Hitze stellen und die gut abgetropften Spaghetti hineingeben. Alles gut unterheben, so dass sich auch der am Boden der Pfanne haftende Bratfond ablöst. Danach den gut vermischten Inhalt der Rührschüssel unter die Spaghetti heben. Sofort servieren, am besten mit einem frischen Tomaten-Zwiebel-Salat.

Frank meint:
Dieses bereits in den achtziger Jahren von der deutschen Musikgruppe Spliff besungene Pastarezept gehört bei uns erst seit 2007 zum Standardrepertoire. Vollkommen unverständlich, dieses Versäumnis! Um dieses Defizit aufzuholen, kommt die Traditionssauce seither mindestens einmal im Monat auf den Tisch.

Der Ursprung dieser Arme-Leute-Sauce ist bekannt: „Carbonara" waren nichts anderes als die bettelarmen Holzköhler, die tagelang im Wald ihre Holzkohlenmeiler beschickten und dabei mit wenig Nahrung auskommen mussten. Doch ein paar Speckwürfel, Eier, Knoblauchzehen und einige Tröpfchen Sahne ließen sich immer noch irgendwo auftreiben ...

Auf keinen Fall darf bei der Carbonara der Knoblauch dominant werden. Gleiches gilt für das Öl, weshalb wir hier lieber Sonnenblumenöl verwenden. Perfekt wird die Sauce, wenn die untergehobene Ei-Käse-Mischung gerade stockt und so eine cremige Umhüllung um die Spaghetti bildet, die von den goldbraunen Schinkenspeckwürfeln knusprig kontrastiert wird.

Genau das ist auch der Grund, warum die Carbonara – im Gegensatz zu vielen anderen Pastarezepten – ganz frisch vom Herd am besten schmeckt.

Ach ja: „Carbonara e una Coca Cola" zu bestellen, überlassen wir getrost den Bandmitgliedern von Spliff. Wir trinken dazu lieber einen trockenen Weißwein ...

Sauce Bolognese

Zutaten für 4 Personen:
500 Gramm gemischtes Hackfleisch
1 Bund Suppengemüse (wichtig: genügend Sellerie und Möhre)
0,25 Liter trockener Rotwein
3 Zwiebeln
3 Knoblauchzehen
8 Esslöffel Olivenöl zum Anbraten
3 kleine Dosen Tomaten
Oregano
Salz, Pfeffer
1 Esslöffel Zucker

Zubereitung:
Das Suppengemüse waschen, den Lauch in Ringe schneiden,
den Sellerie und die Möhre schälen und fein würfeln. In einem
schweren Topf das Hackfleisch im Olivenöl sehr scharf
anbraten, bis es braun und krümelig wird.

In der Zwischenzeit die Zwiebeln schälen und würfeln, den
Knoblauch fein hacken.

Wenn das Hackfleisch gut angebraten ist, die Zwiebeln
zugeben und mitschmoren, dann den Knoblauch dazugeben,
das Suppengemüse kurz mit anbraten und das Ganze mit dem
Rotwein und einer Tasse Wasser abläschen.

Gewürze und Tomaten dazugeben, dann die Sauce mindestens
vier Stunden (sic!) auf kleiner Flamme köcheln lassen. Zum
Schluss nochmals kräftig abschmecken.

Frank meint:
Ein tolles Original-Rezept, das aber Zeit braucht. Meine Eltern haben es im Jahr 1970 aus einem Italienurlaub mitgebracht, die Anleitung stammte von einer älteren italienischen Dame. Es ist sozusagen ein Klassiker unserer Familie. Meistens machen wir gleich die doppelte Menge und frieren einen Teil portionsweise ein.

Doch um in den Genuss einer originalen Sauce Bolognese zu kommen, gilt es mehrere Punkte zu beachten, in denen sich glücklicherweise alle ordentlichen italienischen Kochbücher einig sind:

Unverzichtbar ist, dass die Sauce Bolognese mindestens drei, besser noch vier Stunden leise vor sich hinköchelt. Alles andere ist lediglich Haschee – da gibt es definitorisch kein Pardon! Wie beim Pflaumenmus, dessen Zubereitung ähnlich zeitaufwändig ist, stellt sich erst nach der vorgeschriebenen Garzeit die richtige Konsistenz und das typische, umwerfende Aroma ein.

Genauso viel Zuwendung sollte man dem Anbraten des Hackfleischs widmen. Das Olivenöl muss dazu sehr heiß sein! Ein ins Öl gegebenes, kleines Tröpfchen Wasser zeigt die richtige Temperatur an. Wenn es ordentlich zischt, ist das Öl heiß genug, um das mit Küchenkrepp abgetrocknete Hackfleisch darin portionsweise zu braten.

Das Hackfleisch solange anbraten, bis es braun und krümelig ist, denn erst dann haben sich die Röststoffe entwickelt, die ebenfalls für den typischen Geschmack der Sauce unverzichtbar sind.

Sauce Francoebirgoli

Zutaten für 4 Personen:
500 Gramm gemischtes Hackfleisch
200 Gramm durchwachsenes Dörrfleisch oder Schinkenspeck
2 Zwiebeln
1 scharfe Peperoni
1 Paprikaschote
3 Zehen Knoblauch
4 große vollreife Tomaten (2 kleine Dosen)
4–8 Esslöffel Olivenöl
100 Gramm Hartkäse zum Bestreuen
Salz, Pfeffer
1 Esslöffel Zucker

Zubereitung:
Hackfleisch und Schinkenspeck mit reichlich Olivenöl in einer
Pfanne sehr scharf anbraten, dann kleingeschnittene Zwiebeln
und Peperoni zugeben.

Wenn die Zwiebel glasig gebraten ist, die zerkleinerten
Tomaten, die Paprikaschote, den Knoblauch und die Gewürze
zugeben. Eventuell einen Schuss Wasser oder Brühe zufügen,
damit die Sauce nicht anbrennt.

Dann mindestens 30 Minuten kochen, bis die Sauce dickflüssig
und dunkel wird. Erneut abschmecken, dabei einen Esslöffel
Zucker (!) nicht vergessen.

Mit Pasta servieren und eventuell mit Parmesan überstreuen.

Frank meint:
Auf den ersten Blick gleicht diese Sauce mit dem seltsamen Namen der Sauce Amatrice, schmeckt aber durch das geschmorte Hackfleisch und die Paprika vollkommen anders.

Von den Zutaten her ist sie so etwas wie ein Zwischending von Sauce Amatrice, Arrabiata und Bolognese. Am besten schmeckt sie mit Penne serviert.

Wie Ihr sicher schon bemerkt habt, ist die Sauce nach unseren auf italienisch verballhornten Vornamen Francoebirgoli (Frank & Birgit) getauft. Die Erklärung dafür ist einfach: Da dies keine klassische italienische Sauce sondern eine Eigenkreation ist, haben wir schlichtweg den Namen übernommen, den ein von diesem Rezept begeisterter Freund (Patrick H.) erfand, weil wir ihm aus dem Stegreif keine Bezeichnung für diese Sauce liefern konnten.

Auch uns selbst hat diese eher aus der Not geborene Sauce auf Anhieb geschmeckt, so dass wir sie oft nachgekocht und schließlich in unser Kochbüchlein aufgenommen haben.

Wenn Ihr also irgendwann in einem italienischen Kochbuch die Sauce Francoebirgoli finden solltet, sagt uns Bescheid; Ihr wisst jetzt ja, wo sie eigentlich herkommt ...

Shrimps in Sahnesauce

Zutaten für 4 Personen:
250 Gramm Shrimps
2 Zwiebeln
1 Becher süße Sahne
50 Gramm Butter
1 Zehe Knoblauch
1 kleine Tomate (entkernt)
1 Prise Cayenne
Zitronensaft
Salz, Pfeffer
1 Prise Zucker

Zubereitung:
Die Butter zerlassen und die kleingeschnittenen Zwiebeln darin glasig anbraten. Mit der Sahne aufgießen und den kleingehackten Knoblauch hineingeben.

Mit einer ganz kleinen Prise Cayenne, einem Spritzer Zitronensaft und den restlichen Gewürzen rund abschmecken.

Wenn die Zwiebel fast gar ist, die Shrimps und die entkernte und in ganz kleine Würfel geschnittene Tomate zugeben. Auf kleiner Flamme kurz weiterköcheln bis die Zwiebel ganz durchgegart ist. Mit Spaghetti sehr heiß servieren.

Frank meint:
Die Shrimps in Sahnesauce sind ein echter Klassiker in unserer Küche: Wie oft wir dieses Rezept schon für Freunde gekocht und danach weitergegeben haben, das wissen wir nicht.

Hier aber kommt es auf ausdrücklichen Wunsch unserer Freundin Karin S. zum Abdruck. Karins Sohn Tim mag nämlich dieses Gericht besonders gern, weshalb es bei seinen Besuchen in Gelnhausen dann auch oft auf den Tisch kommt.

Wir haben das Gericht das erst Mal in unserer „Kleinen Pizzeria" in Gelnhausen gegessen. Der Versuch, die Sauce nachzukochen, war auf Anhieb von Erfolg gekrönt, was nicht verwundert, ist es doch keine große Zauberei, die wenigen Zutaten der Sauce zu identifizieren.

Die auf den ersten Blick etwas seltsam anmutende Mischung von Butter, süßer Sahne, Knoblauch und Shrimps ist geschmacklich in jeder Hinsicht eine Wucht. Am besten schmeckt uns dieses Rezept mit den großen „King Prawns", die es mittlerweile überall eingefroren zu kaufen gibt.

Perfekt ist die Sauce, wenn sie schön cremig dick blubbernd die King Prawns umfließt und dabei dezent nach Shrimps und Knoblauch duftet, während im Hintergrund der Zucker, das Chili und der Zitronensaft die Sauce sanft abrunden.

Birgit meint:
Beim „wir" muss ich mich leider wegen einer Allergie gegen Meeresfrüchte ausgrenzen. Deshalb kann ich diese Sauce nur ohne die Hauptzutat genießen.

Gorgonzola-Sauce

Zutaten für 4 Personen:
200 Gramm Gorgonzola
1 kleine Zwiebel
2 Knoblauchzehen
1 Esslöffel Butter
400 Gramm Sahne
1 Packung italienische Nudeln oder Gnocchis
Salz, schwarzer Pfeffer, Prise Zucker

Zubereitung:
Den Gorgonzola in kleine Würfel schneiden, Zwiebel und
Knoblauch schälen und ebenfalls fein würfeln. Die Butter in
einem Töpfchen erwärmen, die Zwiebel- und Knoblauchwürfel
andünsten.

Hitze verringern und Käsewürfel dazugeben, die Sahne
angießen. Immer wieder rühren, damit der Käse nicht anhängt.
Ich halbiere meistens die Sahnemenge und nehme stattdessen
Milch, dann muss man jedoch die Sauce eventuell noch etwas
andicken (mit Mondamin oder Ähnlichem).

Mit Salz und Pfeffer abschmecken, nach Wunsch noch etwas
feingehackte Petersilie dazu geben – sieht dann auch schöner
aus. Parallel dazu das Nudelwasser erwärmen und die Nudeln
kochen. Dann schnell servieren. Dazu einen leckeren Salat.

Birgit meint:
Heftig aber lecker: Übrigens eignet sich die Sauce auch gut zum
Einfrieren oder man macht einfach mal eine Nudelparty: Diese
Sauce und noch zwei andere – wie z.B. Bolognese, Amatrice
oder Fischsauce – zusammen mit einer zweiten Nudelart als
Buffet servieren. Kommt immer gut an. Sehr lecker schmeckt
die Sauce auch zu Gnocchis.

4 x Saucen

„Die Sauce ist für die Kochkunst, was die Grammatik für die Sprache."

(Holländische Spruchweisheit)

Salsa Mojo (Roter Mojo)

Backpflaumen-Sauce

Bananen-Curry-Sauce

Rahmsauce zum Stangenspargel

Salsa Mojo (Roter Mojo)

Zutaten für 4 Personen:
1 rote Paprikaschote
2 rote scharfe Peperoni
2 Tomaten (1 kleine Dose)
0,5–1 Knolle (sic!) Knoblauch
1 Teelöffel Kreuzkümmel (Kamun bzw. Cumin)
1 Teelöffel Salz
eventuell 1 Teelöffel Safranfäden
1 Teelöffel Paprikapulver edelsüß
1 Prise Zucker
1 ordentlicher Schuss Essig
1 Tasse Oliven

Zubereitung:
Die Paprika, Peperoni, Tomaten und die Knoblauchzehen
säubern, grob zerkleinern und mit den Oliven kurz andünsten.
Gewürze und Essig hinzufügen und 10 Minuten köcheln lassen.
Alles im Mixer pürieren, bis eine dickflüssige Sauce entstanden
ist. Sehr kräftig abschmecken.

Frank meint:
Diese Sauce stammt von den kanarischen Inseln und zeigt, wie
sehr die mediterrane Küche von der arabischen bzw.
maurischen Tradition geprägt wurde. Zur Salsa Mojo
(gesprochen Salsa Mocho) gehören traditionell Papas
arrugadas (Kanarische Runzelkartoffeln), die im Ofen gegart
und mit der Schale gegessen werden.

Gut passt Fisch in jeder Form zu dieser kräftigen Sauce.
Besonders beliebt bei uns (und vor allem bei Tine aus Bieber)
sind würzige Fleischbällchen, die mit der Sauce übergossen und
im Ofen übergrillt werden. Dazu Reis oder Baguette reichen.

Backpflaumen-Sauce

Zutaten für 4 Personen:
0,25 Liter trockener Weißwein
100 Gramm Backpflaumen
1 Zwiebel
1 kleine Knoblauchzehe
Saft von 1 Zitrone
Salz, Pfeffer
Sonnenblumenöl

Zubereitung:
Die gewürfelte Zwiebel im Öl kräftig anbraten, bis sie dunkel
wird. Den Zitronensaft, den Wein, die Gewürze und die
kleingeschnittenen Backpflaumen zugeben.

Alles schmoren lassen und abschmecken. Nach Geschmack
die Sauce pürieren oder durch ein Sieb streichen.

Frank meint:
Gut passt diese leckere und ungewöhnliche Sauce, die wir bei
Jutta und Volker L. serviert bekamen, als Schmorsauce zu
Schweinebauch, Schweinelende oder geschmorten Koteletts.
Wobei man bei Letzterem das Fleisch dann direkt in der Sauce
garen kann.

Da die Sauce süß-sauer schmeckt, harmoniert sie überhaupt
nicht mit Rotkraut, da hierbei die Rolle des Rotkrauts als
geschmacklicher Kontrast zum kräftigen Fleischgeschmack
gestört wird.

Ideal sind Kartoffeln und grüne Bohnen als Beilagen zu dieser
fruchtigen, süß-sauren Backpflaumen-Sauce.

Bananen-Curry-Sauce

Zutaten für 4 Personen:
2 reife Bananen
2 Esslöffel Zitronensaft
1 Esslöffel Currypulver
Muskatnuss (frisch gerieben)
Salz
Zucker
0,125 Liter Weißwein
0,125 Liter süße Sahne

Zubereitung:
Beide Bananen schälen, eine halbe Banane beiseite legen, den
Rest pürieren und mit Zitronensaft, Curry, wenig Muskatnuss,
Salz und Zucker würzen. Dann den Wein untermischen,

Kurz vor dem Servieren die in Scheiben geschnittene oder
gewürfelte restliche halbe Banane und die Schlagsahne
unterrühren.

Birgit meint:
Diese (kalte) Bananen-Curry-Sauce passt bestens zum Fondue
oder zu gegrilltem Geflügel (Hühnchen, Pute).

Rahmsauce zum Stangenspargel

Zutaten für 4 Personen:
0,25 Liter Schlagsahne
4 Eigelb
1 Spritzer Zitronensaft
Salz
Pfeffer
2 Esslöffel Butter
2 Esslöffel Mehl
1 Tasse Spargelwasser

Zubereitung:
Die Butter zum Schmelzen bringen, mit dem Mehl bestäuben
und mit dem Spargelwasser ablöschen. Alles sofort mit einem
Schneebesen wie bei einer Béchamelsauce glattrühren.

Nach und nach das restliche Spargelwasser dazugeben, dann
die Sauce etwas eindicken lassen, dezent würzen und die
Sahne zugeben.

Die Eigelb kurz vor dem Servieren mit dem Schneebesen
vorsichtig in die Sauce rühren. Nicht mehr aufkochen lassen! Mit
Zitronensaft abschmecken und in einer vorgewärmten
Sauciere servieren.

Birgit meint:
Eine leckere Alternative zu den fetten Hollandaise-Saucen. Die
Rahmsauce zum Stangenspargel hat meine Mama Maria schon
früher so gemacht – sie schmeckt uns auch heute noch.

12 x Suppen & Eintöpfe

„Eine Rose riecht besser als ein Kohlkopf,
gibt aber keine bessere Suppe ab."

(Jean-Baptiste Molière)

Zwiebelsuppe

Chili con Carne

Drachensuppe

Sommerliche Tomatensuppe

Deftige Hackfleisch-Zucchinisuppe

Grünkern-Kümmel-Suppe

Gulaschsuppe

Lauch-Hackfleisch-Käse-Suppe

Kürbissuppe mit Knoblauch

Mediterrane Fischsuppe

Möhreneintopf mit Ingwer

Möhreneintopf mit Champignons und Thymian

Zwiebelsuppe

Zutaten für 4 Personen:
4 mittelgroße Zwiebeln
2 Esslöffel Öl
2 gestrichene Teelöffel Mehl
1 Liter Wasser
1 Brühwürfel (für 0,5 Liter Brühe)
Salz, Pfeffer
1 Prise Cayenne
Muskat
eventuell 1 Schuss Cognac
1 Glas trockener Weißwein
4 Scheiben Weißbrot oder Toast
8 Esslöffel Reibekäse (Emmentaler o. Ä.)

Zubereitung:
Zwiebeln schälen, halbieren, in dünne Scheiben schneiden und im Topf in heißem Öl goldgelb anbraten. Mit Mehl bestäuben und mit Wasser ablöschen. Brühwürfel, Salz, Pfeffer, Cayenne und Muskat zugeben, alles 15 Minuten köcheln lassen, eventuell noch etwas Wasser zugeben. Die Suppe soll noch dünnflüssig sein. Zuletzt mit Cognac und Weißwein abschmecken.

Die heiße Suppe in vier Keramikschüsselchen geben, die getoastete Weißbrot- oder Toastscheibe auflegen und dick mit Käse bestreuen (man kann auch eine Scheibe Käse nehmen). Dann kurz im vorgeheizten Backofen (eventuell mit Grill) gratinieren.

Birgit meint:
Achtung mit den Weißbrotscheiben: Wenn sie zu fest oder zu dick sind, lassen sie sich kaum mit dem Löffel abstechen und man kleckert sich beim Zerteilen von oben bis unten mit der Suppe voll. Deshalb nehme ich meistens Toastscheiben.

Chili con Carne

Zutaten für 4 Personen:
600–800 Gramm Hackfleisch (reines Rind oder gemischt)
2–3 Paprikaschoten
2 Zwiebeln
3 Zehen Knoblauch
circa 600 Gramm Tomaten (2 Dosen)
1 Liter Brühe
3–4 Dosen Kidney-Bohnen
Tomatenmark
Chilipulver
Paprika edelsüß
Kreuzkümmel (Kamun, Cumin)
1 Teelöffel Oregano
Olivenöl
Salz, Pfeffer
2 Esslöffel Zucker

Zubereitung:
Das Hackfleisch im heißen Öl sehr scharf anbraten. In Streifen geschnittene Zwiebeln und Paprikaschoten zufügen, den Knoblauch hineinpressen, mit Brühe und zerkleinerten Tomaten ablöschen. Abschmecken und schmoren lassen, bis das Gemüse weich wird. Eventuell noch etwas Brühe oder Wasser hinzufügen.

Dann die abgespülten und abgetropften Kidney-Bohnen hinzufügen und noch einige Minuten auf kleiner Flamme kochen lassen. Nochmals rund und vor allem scharf abschmecken. Sehr heiß mit Baguette servieren.

Frank meint:
Zwei Gerichte gibt es in diesem Kochbuch, die richtig scharf
sein müssen: Das erste ist die (im nächsten Rezept folgende)
Drachensuppe und das zweite – eben – Chili con Carne. Wobei
Chili con Carne die Schärfe ja schon programmatisch im
Namen trägt, der ja nichts anderes bedeutet als „Chili mit
Fleisch".

Sehr wichtig für das Rezept ist eine Prise Kreuzkümmel, der aber
nicht mit dem normalen Kümmel der deutschen Küche
verwechselt werden darf. Für den typischen Geschmack ist
der Kreuzkümmel unabdingbar, muss jedoch sehr sparsam
verwendet werden, da er sehr intensiv schmeckt.

Wer es einfacher haben will, der kauft sich eine fertige
Mexikana-Sauce und gibt diese in das Chili con Carne. Diese
Mexikana-Saucen schmecken nämlich alle im Hintergrund
leicht nach Kreuzkümmel und sind überdies noch ordentlich
süß. Denn auch wenn es einige Leser überraschen mag: An
Zucker darf man bei Chili con Carne nicht sparen!

Hier kannst Du Dir einen Feuerlöscher hinmalen, den Du nach
diesem scharfen Gericht benötigst:

Drachensuppe

Zutaten für 4 Personen:
1 Suppenhuhn
1 Zucchini, 2 Zwiebeln, 1 Paprikaschote
1 Päckchen Glasnudeln, 3 Zehen Knoblauch, 2 Zitronen
Curry, Ingwer, 5-Gewürze-Pulver (aus Asialaden)
Cayenne
Salz, Pfeffer, 3 Esslöffel Zucker

Zubereitung:
Aus dem Suppenhuhn eine Bouillon zubereiten, das Fleisch erst
einmal zur Seite stellen. In die Bouillon die Zwiebel, die in
Streifen geschnittene Paprikaschote, den zerdrückten
Knoblauch sowie die in Scheiben geschnittene Zucchini geben.

Dann Glasnudeln und die restlichen Gewürze hinzufügen und
weiterkochen, bis die Glasnudeln gar sind. Zum Schluss das zur
Seite gestellte Hühnerfleisch sowie den Saft der zwei Zitronen
zufügen. Die Suppe scharf abschmecken und sehr heiß
servieren.

Frank meint:
Ist die Tomatensuppe eine richtige Sommersuppe, so kann die
Drachensuppe als rechte Wintersuppe gelten. Dieses Rezept
gibt es wahrscheinlich zwar weder in China noch sonst
irgendwo in Asien, denn es ist eine eigene Kreation – aber
trotzdem schmeckt die Drachensuppe so, wie man sich das für
eine fernöstliche Suppe gemeinhin vorstellt.

Die Drachensuppe muss sehr scharf sein, sehr sauer und leicht
süß. Durch reichlich Zitronensaft und ordentlich Cayennepulver
eignet sie sich hervorragend für kalte Herbst- und Wintertage:
Sie treibt einem den Schweiß aus den Poren und auch die
Schnupfnase wird sofort wieder frei. Gesundheit!

Sommerliche Tomatensuppe

Zutaten für 4 Personen:
1 Kilogramm vollreife Tomaten (oder 3 Dosen)
2-3 Zwiebeln
Salz, Pfeffer
Cayenne
1 Prise Zucker
Salbei (frisch, wenn möglich)
Zitronenschale
1 Becher Schmand oder Sauerrahm

Zubereitung:
Tomaten, Zwiebeln und Zitronenschale in einen Topf geben und kochen. Nach rund 30 Minuten alles mittels eines Pürierstabes zu einer homogenen Suppe pürieren.

Den Salbei zufügen und einige Minuten mitkochen lassen. Mit Salz, Pfeffer, Cayenne und Zucker rund abschmecken. Auf jede Tellerportion einen Klecks Schmand oder Sauerrahm geben.

Frank meint:
Diese Tomatensuppe ist ein uraltes Rezept unserer Familie, das wunderbar zu einem heißen Sommertag passt.

Gelungen ist die Suppe, wenn sie zugleich nach Tomate, Salbei und Zitrone schmeckt und unverdünnt ganz sämig im Topf blubbert. Natürlich kann man die Suppe nach Geschmack mit Wasser verdünnen, natürlich kann man die Zutaten in ihrer Menge variieren – aber auf keinen Fall darf die Tomatensuppe durch zuviel Cayennepulver scharf sein.

Noch ein kleiner Tipp: Mit Dosentomaten hat man immer wirklich vollreife Tomaten zur Hand. Exakt so schmeckt der Sommer!

Deftige Hackfleisch-Zucchinisuppe

Zutaten für 4 Personen:
500 Gramm gemischtes Hackfleisch
500 Gramm Zucchini
1-2 Zwiebeln
0,5 Liter Milch
0,5 Liter Brühe
1-2 Zehen Knoblauch
Thymian
Salz, Pfeffer
1 Prise Zucker
(eventuell 1 Tasse Reis)

Zubereitung:
Hackfleisch sehr scharf anbraten, dann Zwiebeln hinzufügen
und mit anbraten. Mit Brühe und Milch ablöschen. In Scheiben
geschnittene Zucchini, Knoblauch und Thymian zufügen und
kochen lassen, bis die Zucchinischeiben weich sind.
Abschmecken und servieren. Als Beilage empfiehlt sich
Baguette.

Frank meint:
Die Zucchinisuppe ist ein ideales Trennkostrezept, das
kindereinfach und schnell zubereitet ist – und gleichzeitig sehr,
sehr lecker schmeckt. Wenn man keine Lust darauf hat, ewig in
der Küche zu stehen, dann ist die Zucchinisuppe die richtige
Wahl.

Das Rezept adaptiert natürlich allerhand Versatzstücke der
hellenischen Küche – es ist kein originär griechisches Rezept,
sondern eine erfundene Kompilation mehrerer idealtypischer
Allgemeinplätze. Das Rezept hat uns aber so gut geschmeckt,
dass wir es immer wieder gekocht haben. Richtig deftig wird es,
wenn man noch etwas Reis mit hineingibt.

Grünkern-Kümmel-Suppe

Zutaten für 4 Personen:
1 Liter kräftige Rindfleischbrühe
8 Esslöffel Grünkern
2 Esslöffel Butter
gemahlener Kümmel
2 große Knoblauchzehen

Zubereitung:
Den Grünkern mit der Butter in einem Topf anbräunen. Mit der Brühe aufgießen, dann den gehackten Knoblauch und reichlich Kümmel hineingeben.

Einige Minuten köcheln lassen, bis der Grünkern weich wird. Rund abschmecken und sehr heiß servieren.

Frank meint:
Dies ist eine richtig deftige Wintersuppe, die wir gerne als Vorsuppe zu einem deutschen Menü servieren.

Grünkern ist das unreif geerntete Korn des Dinkels, einer vor allem in Süddeutschland kultivierten Weizenart. Durch anschließendes Trocknen und Darren über Buchenfeuer wird der Grünkern haltbar und erhält sein typisches Raucharoma.

Grünkern ist nach verschiedenen Berichten bereits vor mehreren hundert Jahren in Süddeutschland erstmals hergestellt worden. Die erste urkundliche Erwähnung des Grünkerns stammt aus dem Jahre 1660, und zwar aus einer Kellereirechnung des Klosters Amorbach.

Gulaschsuppe

Zutaten für 4 Personen:
400 Gramm Rindergulasch
400 Gramm Schweinegulasch
400 Gramm Zwiebeln
400 Gramm Paprikaschoten
400 Gramm Tomaten (2 kleine Dosen)
Fleischbrühe nach Bedarf (500 bis 1000 ccm)
2 Zehen Knoblauch
Paprika rosenscharf
Salz, Pfeffer, Zucker
Majoran, Kümmel, 1 Lorbeerblatt
Sonnenblumenöl oder Schweineschmalz

Zubereitung:
Die großen Gulaschstücke in etwas kleinere Würfel teilen und
mit dem Öl kräftig anbraten, bis die Stücke rundherum braun
sind. Dann die Hälfte (!) der in Ringe geschnittenen Zwiebeln und
die Hälfte (!) der in Streifen geschnittenen Paprikaschoten
hinzugeben und mit anbräunen.

Danach mit der Brühe und den kleingeschnittenen Tomaten
ablöschen und den Bratfond vom Topfboden lösen. Grob
würzen und den Knoblauch sowie das Lorbeerblatt hinzugeben.
Jetzt muss die Gulaschsuppe auf kleiner Flamme schmoren, bis
beide Fleischsorten fast (!) gar und die Zwiebeln, das Paprika
und die Tomaten zu einer sämigen Sauce verkocht sind.

Sodann gibt man die zweite Hälfte der in Ringe geschnittenen
Zwiebeln und der in Streifen geschnittenen Paprika hinzu. Diese
müssen parallel zur Fleisch-Garzeit weich sein, dürfen aber auf
keinen Fall zerkochen. Jetzt alles rund abschmecken, dabei an
Zucker, Majoran und scharfem Paprika nicht sparen.

Frank meint:

Deftiger als mit diesem rustikalen Traditionsrezept geht es kaum noch. Wichtig ist vor allem, dass die erste Hälfte des Gemüses zu Sauce verkocht und die zweite Hälfte als Einlage erhalten bleibt. Auf Bindemittel kann man so getrost verzichten.

Wie bei allen Schmorgerichten gilt: Am Vortag zubereiten, am nächsten Tag aufwärmen und erneut abschmecken.

Zu der Gulaschsuppe passt Weißbrot und ein Klecks saure Sahne in der Tellermitte. Als Getränk ist ein kühles Bier gleichermaßen wie ein trockener Rotwein oder eine Apfelsaftschorle beliebt.

Natürlich kann man in die Gulaschsuppe auch gleich noch einige Kartoffeln mit hineinschneiden oder für die Zubereitung nur Rind- oder Schweinefleisch verwenden – ob das dann original ist oder nicht, darüber scheiden sich sowieso die Geister.

Und noch ein Tipp: Wer originales Streupaprika aus Ungarn (schönen Gruß an Hansi S.!) bekommen kann, der sollte unbedingt darauf zurückgreifen. Es ist nicht zu vergleichen mit dem hier erhältlichen Streupaprika – der Unterschied hinsichtlich Aroma, Geschmack und Farbe ist einfach unglaublich.

Bei der Fußball-WM 2006 haben Alex P., Michael K. und ich diese Gulaschsuppe für 30 Leute zubereitet. Alex zeigte sich versiert im Umgang mit dem Gemüsemesser, während Michael mit entblößtem Oberkörper als Chefanbrater fungierte. Trotz des unerklärlichen Verschwindens zahlreicher Gulaschstücke wurde es eine sehr gelungene Angelegenheit.

Lauch-Hackfleisch-Käse-Suppe

Zutaten für 4 Personen:
500 Gramm Hackfleisch (gemischt)
1 Kilogramm Lauch
1 Zwiebel
1 Zehe Knoblauch
0,25 Liter trockener Weißwein
200 Gramm Dörrfleisch
3-4 Schmelzkäseecken
Salz, Pfeffer, Brühe
etwas süße Sahne

Zubereitung:
Das Hackfleisch und das in Würfel geschnittene Dörrfleisch
anbraten und würzen, den Lauch putzen (die Enden
abschneiden, die äußere Schicht wegnehmen und längs
einritzen, dann unter fließendem Wasser auswaschen) und in
1 cm breite Scheiben schneiden.

Den Lauch zum Hackfleisch dazugeben, ebenso die geschälte
und fein gewürfelte Zwiebel hinzufügen und anbraten. Dann mit
Wasser, Wein und Brühe ablöschen.

Circa 15 Minuten köcheln lassen (Lauch darf nicht verkochen)
und den Schmelzkäse zerkleinert in die Suppe geben. Einen
dicken Schuss Sahne dazu und fertig abschmecken.

Frank meint:
Ein recht schnell zubereiteter, deftiger Eintopf. Als Vorspeise ein
wenig zu üppig, deshalb mögen wir es lieber als Mittagessen.

Dieses leckere Rezept haben wir bei unseren lieben Freunden
Edith und Günni aus Hofheim zu Essen bekommen - und gleich
nachgekocht.

Kürbissuppe mit Knoblauchcroutons

Zutaten für 4 Personen:
1 Kilogramm Kürbis
4 Esslöffel Sonnenblumenöl
1 Gemüsezwiebel oder Lauch
1 Liter Geflügelbrühe
0,25 Liter süße Sahne
Salz, Pfeffer, Muskat, Prise Zucker
1-2 Scheiben Weißbrot
2 Knoblauchzehen
30 Gramm Butter

Zubereitung:
Im Sonnenblumenöl die Zwiebeln andünsten. Die Kürbiswürfel dazugeben und anbraten. Das Ganze mit Geflügelbrühe ablöschen und auf kleiner Flamme köcheln lassen. In der Zwischenzeit das in kleine Würfel geschnittene Weißbrot gemeinsam mit dem fein gehackten Knoblauch und der Butter in einer Pfanne goldbraun anrösten.

Die Suppe mit Salz, Muskat und Pfeffer würzen, danach mit dem Mixstab pürieren und die Sahne dazugeben. Vor dem Servieren nochmals abschmecken und mit den Knoblauchcroutons bestreuen.

Frank meint:
Ideal im Herbst. Eine Abwandlung besteht darin, nicht die gesamte Suppe zu pürieren, sondern nur die Hälfte. Ebenso lässt sich der Kürbis teilweise durch Kartoffeln ersetzen. Das ist besonders dann sinnvoll, wenn der bei manchen Kürbissorten recht dominante Geschmack ein wenig gemildert werden soll.

Eine weitere schmackhafte Variante ergibt sich durch das beherzte Hinzufügen von leckeren Würstchen in die heiße Suppe. Wer hätte das gedacht?

Mediterrane Fischsuppe

Zutaten für 4 Personen:
2–3 Zwiebeln
Olivenöl
3 Fischfilets (Seehecht oder Rotbarsch)
2 Dosen Tomaten
1 Glas trockener italienischer Weißwein
1 Fenchelknolle
schwarzer Pfeffer, Salz
Thymian, Lorbeerblatt, 3 Knoblauchzehen
1 Teelöffel Zucker (!), 1 Prise Cayenne-Pfeffer
1 Esslöffel Zitronensaft
0,5 Teelöffel geriebene Zitronenschale
1 Schuss Pernod (eventuell Ouzo)
1 altbackenes Brötchen reiben (kein Paniermehl nehmen)

Zubereitung:
Die Zwiebeln in Ringe schneiden und in reichlich Olivenöl
goldgelb anbraten. 2 Fischfilets mit hinzugeben; ein Fischfilet
weglegen und bis zum Schluss übriglassen. Den in fingerlange
Stücke geschnittenen Fenchel zugeben, dann mit den zwei
Dosen Tomaten und dem Glas trockenen Weißwein ablöschen.

Würzen mit schwarzem Pfeffer, Salz, Thymian, Lorbeerblatt,
drei Knoblauchzehen, einem Teelöffel Zucker (!), einer Prise
Cayenne-Pfeffer, etwas Zitronensaft, einem halben Teelöffel
geriebener Zitronenschale und einem kräftigen Schuss Pernod.
Auf kleiner Flamme köcheln lassen, bis der Fenchel und die
Zwiebeln gar sind.

Zum Schluss die Brösel eines altbackenen Brötchens einrühren.
Nun auch das zurückbehaltene Fischfilet in mundgerechte
Stücke schneiden und mit hineingeben. Nochmals
abschmecken und sehr heiß in vorgewärmten Suppentassen
servieren.

Frank meint:
Diese Suppe wurde bislang von allen unseren Gästen gerne
gegessen, was wohl vor allem daran liegt, dass die Mediterrane
Fischsuppe wie Urlaub am Mittelmeer schmeckt, der Fisch aber
nicht so dominant hervortritt. Auch wer eigentlich kein Freund
von Fischsuppe ist, sollte das Rezept deshalb unbedingt
ausprobieren.

Im Grunde ist sie so etwas wie eine Arme-Leute-Bouillabaisse,
die obendrein schnell und ohne Aufwand zu kochen ist.
Besonders Alex und Andrea mögen diese Fischsuppe sehr,
daher sei ihnen an dieser Stelle auch dieses Gericht zugedacht.

Perfekt ist die Suppe, wenn sie im Hintergrund leicht nach
Thymian und Fenchel schmeckt und durch die Zitronenschale
und den Cayenne-Pfeffer abgerundet wird. Speziell bei dieser
Suppe gilt: Aufgewärmt schmeckt sie noch besser!

Unbedingt nachkochen!

Raum für Notizen:

Möhreneintopf mit Ingwer

Zutaten für 4 Personen:
Für die Bouillon:
1 Kilogramm Suppenfleisch vom Schwein (z.B. Leiterchen)
2 Zwiebeln
1 Zehe Knoblauch
2 Nelken
1 Lorbeerblatt
1 Bund Suppengemüse (Lauch, Sellerie, Möhren)
2 Esslöffel Sonnenblumenöl

Für den Eintopf:
1 Kilogramm Möhren
500–750 Gramm Kartoffeln
Ingwer frisch oder als Pulver
Salz, Pfeffer, 1 Prise Zucker

Zubereitung der Bouillon:
Die in Stücke geschnittenen Zwiebeln und das
kleingeschnittene Gemüse im Sonnenblumenöl anbraten. Mit
rund zwei Litern kaltem (!) Wasser aufgießen. Das Fleisch
hineinlegen und langsam die Temperatur erhöhen, damit die
Fleischporen offen bleiben und der Geschmack in die Bouillon
übergehen kann. Nicht würzen!

Auf kleiner Flamme sanft köcheln lassen, bis das Fleisch gar ist.
Erst jetzt die Bouillon mit Salz und Pfeffer würzen, das gekochte
Fleisch herausnehmen und in mundgerechte Würfel schneiden.
Nun in die fertige Brühe die in Scheiben geschnittenen Möhren
und die in Stücke geschnittenen Kartoffeln geben. Hierbei
darauf achten, dass die Kartoffelstücke bzw. Möhrenscheiben
gleich dick sind, damit beide ungefähr zur gleichen Zeit gar
werden. Etwas Ingwer zugeben und den Eintopf rund
abschmecken.

Frank meint:
Wir haben häufig die Erfahrung gemacht, dass sich viele Köche
und Köchinnen gar nicht mehr an die Zubereitung eines
richtigen Eintopfes wagen, weil sie nicht wissen, wie man eine
Bouillon ansetzt.

Dass es wirklich keine Hexerei ist, merkt man spätestens, wenn
man dieses Rezept ausprobiert hat. Zu beachten ist bei
jeglichen Bouillons jedoch:

- Immer das Fleisch in das kalte (!) Wasser geben, damit
  die Fleischporen offen bleiben und der Geschmack in
  das Wasser übergehen kann.

- Das Gegenteil macht man beim Anbraten von Steaks,
  denn hierbei muss das Fett zum Anbraten sehr heiß
  sein, damit sich die Poren sofort schließen und der
  Fleischsaft nicht nach außen treten kann.

- Außerdem: Immer erst die fertige Brühe würzen. Denn
  nach den Gesetzen der Osmose findet ein
  Mineralstoffaustausch vom mineralstoffhaltigen Fleisch
  zum mineralstoffarmen Wasser hin statt. Dieser
  osmotische Austausch endet erst, wenn die
  Mineralstoffkonzentration in beiden Medien
  ausgeglichen ist.

Wer sich bislang noch nicht getraut hat, einen Eintopf bzw. eine
Bouillon anzusetzen, der sollte sich unbedingt dieses Rezept
vornehmen.

Es lohnt sich ganz gewiss – nur Mut!

Möhreneintopf mit Champignons und Thymian

Zutaten für 4 Personen:
1 Bund Bio-Möhren
500 Gramm Kartoffeln
1 halber Kringel Fleischwurst
150–200 Gramm frische Champignons (oder 1 kleine Dose)
Thymian frisch oder getrocknet
0,5 Becher süße Sahne
Brühwürfel und ungefähr 1 Liter Wasser
2 Teelöffel Speisestärke
Salz und Pfeffer

Zubereitung:
Die Möhren putzen und in nicht zu dicke Scheiben schneiden, in etwas Fett kurz im heißen Topf anschwitzen, mit Brühe ablöschen (bzw. Wasser und Brühwürfel zugeben). Die Kartoffeln schälen, in kleine Würfel schneiden, ebenso in die Brühe geben und köcheln lassen. In der Zwischenzeit die Champignons säubern, gegebenenfalls einmal durchschneiden. Ebenso die Fleischwurst in Scheiben schneiden und diese nochmals halbieren.

Wenn die Möhren und die Kartoffeln weich werden, die Wurst und die Pilze dazugeben und heiß werden lassen. Die Speisestärke in die Sahne einrühren (nicht umgekehrt). Dabei aufpassen, dass es keine Klümpchen gibt. Diese Mischung in die Suppe geben und dann mit Thymian abschmecken. Möhren vertragen auch immer eine gute Prise Zucker zum Abrunden!

Birgit meint:
Ein deftiger Eintopf für kühlere Tage. Das Rezept stammt von Marias alter Freundin Margaretha noch aus Studententagen und ist bei uns „hängengeblieben".

10 x Nachspeisen

„Freude ist gesunde Kost."

(Chinesisches Sprichwort)

Galactoburico

Arme Ritter (mit Aprikosensauce)

Quarkkeulchen

Geschmorte Bananen mit Orangensauce

Vanilleflammeri

Waldfruchtsauce / Himbeersauce

Panna cotta („gekochte Sahne"-Creme)

Quittenkompott nach Großmutter-Art

Trifle

Tiramisu

Galactoburico

Zutaten für 4 Personen:
12 Blätter fertiger Blätterteig
50 Gramm Butter
0,5 Tassen Zucker
0,5 Liter Milch
1 Päckchen Grießbrei zum Aufkochen
2 Eier
2 Päckchen Vanillezucker

Für den Sirup:
100 Gramm Zucker
1 Tasse Honig
ein halbes Glas Wasser
Saft von 1 Zitrone
Schale von 1 Zitrone

Zubereitung:
Die Hälfte des Blätterteigs in eine flache Kasserolle auslegen
und mit geschmolzener Butter bestreichen. In den fertig
gekochten und nachgesüßten Grießbrei die zwei Eier einquirlen
und die noch warme Masse auf dem Blätterteig verteilen. Die
zweite Hälfte des Blätterteigs als Deckel auflegen. Wiederum
mit flüssiger Butter bestreichen.

Im vorgeheizten Ofen rund 30 Minuten backen, bis der
Blätterteig schön aufgeht und goldbraun wird. In der
Zwischenzeit aus etwas Wasser, dem Honig, dem Zucker, der
Zitronenschale und dem Zitronensaft einen dicken Sirup
kochen.

Das aus dem Ofen kommende, noch heiße Galactoburico mit
dem Sirup satt übergießen und abkühlen lassen. Nach dem
Abkühlen leicht mit Zimt bestreuen und in Stücke schneiden.

Frank meint:
Es braucht keine prophetische Gabe, um zu erahnen, dass
dieser griechische Milchauflauf ein massiver Angriff auf die
mehr oder minder gute Figur ist.

Wie in Griechenland nun einmal üblich, sind die Nachspeisen
von Honig und Zucker triefend süß – und nur in Gesellschaft
eines starken Kaffees genießbar.

Ebenfalls sehr gut passt ein Bällchen Vanilleeis dazu.

Hier ist Raum für die handschriftliche Berechnung der
Kalorienmenge pro Portion:

Arme Ritter (mit Aprikosensauce)

Zutaten für 4 Personen:
8 Weißbrotscheiben
0,25 Liter Milch oder süße Sahne
1 Ei
1 Prise Salz
4 Esslöffel Zucker
Butterschmalz oder Sonnenblumenöl
eventuell Puderzucker zum Bestreuen

Zutaten für die Aprikosensauce:
1 Dose Aprikosen (eventuell frische Früchte)
1 Nelke
1 Teelöffel Zitronensaft, 1 Stück Zitronenschale
Zucker, Salz, eventuell etwas Obstwasser

Zubereitung:
Die Milch bzw. die Sahne mit dem Ei, einer Prise Salz und 2 Teelöffeln Zucker verquirlen. Die Weißbrotscheiben werden dann in dieser Mischung für einige Sekunden eingeweicht und anschließend in Butterschmalz oder Sonnenblumenöl knusprig hellbraun ausgebacken. Vor dem Servieren die Armen Ritter noch mit Puderzucker bestreuen und warm servieren.

Die Aprikosen mit etwas Wasser, der Nelke und der (mit dem Kartoffelschäler abgelösten) Zitronenschale aufkochen. Einige Minuten köcheln lassen. Den Zucker (Menge nach Geschmack) und den Zitronensaft hinzufügen, dann den Herd ausschalten. Abkühlen lassen.

Die Nelke und die Zitronenschale herausnehmen und die Sauce mit einem Pürierstab schön sämig mixen. Eventuell mit etwas Zucker, Zitronensaft und Obstwasser nachwürzen.

Frank meint:
Dieses Rezept aus altem Weißbrot ist nachweislich mehrere
Hundert Jahre alt – trotzdem heute noch ein Genuss. Arme
Ritter werden als warme Nachspeise serviert. Sie sind aber
durchaus ein appetitlicher Kuchenersatz, wenn es einmal
schnell gehen soll. Und das ohne viel Arbeit.

Am leckersten sind die Armen Ritter, wenn sie außen golden und
knusprig sind, innen aber durch die eingesogene Milch schön
flaumig.

Dazu passt Vanillesauce oder eine simple, ruckzuck
selbstgemachte Aprikosensauce, die wie oben beschrieben
zubereitet wird.

Quarkkeulchen

Zutaten für 4 Personen:
500 Gramm mehlige, gekochte Kartoffeln
375 Gramm Magerquark, 250 Gramm Mehl
50 Gramm eingeweichte Rosinen (nach Geschmack)
1 Ei, 1 Päckchen Vanillezucker
abgeriebene Schale einer Zitrone
50 Gramm Zucker, 1 Prise Salz, Puderzucker zum Bestreuen
Sonnenblumenöl oder Butterschmalz

Zubereitung:
Die kalten, gekochten Kartoffeln durch die Kartoffelpresse
drücken und mit den restlichen Zutaten verkneten. Sollte der
Teig zu weich sein, dann noch etwas Mehl hinzufügen. Kleine
Bälle formen und auf circa 2 cm Dicke flachdrücken.

Reichlich Sonnenblumenöl oder Butterschmalz in der Pfanne
heiß werden lassen und die Quarkkeulchen von beiden Seiten
auf kleiner (!) Flamme goldbraun braten. Aus der Pfanne
nehmen, mit Puderzucker bestreuen und Apfelmus oder
Kompott dazu reichen.

Frank meint:
Dieses typisch sächsische Rezept kenne ich aus meiner
Kindheit. Birgit und ich machen die Quarkkeulchen allerdings
ganz unvernünftig mit Sahnequark und nehmen drastisch mehr
Vanillezucker als oben angegeben. Wichtig ist, nicht am Öl bzw.
Butterschmalz zu sparen, denn die Quarkkeulchen brennen
schnell an und schmecken dann nicht mehr gut.

Ebenso wichtig: Die Quarkkeulchen dürfen nur auf ganz kleiner
Flamme gebraten werden. Beachtet man dies alles, dann wird
aus dem Arme-Leute-Essen ein außen goldknuspriger und innen
cremiger, lecker nach Vanille und Zitrone duftender Nachtisch.

Geschmorte Bananen mit Orangensauce

Zutaten für 4 Personen:
2 große, reife Bananen
100 Gramm Süßrahmbutter
Saft von 2 Orangen
Zitronensaft
2 Päckchen Vanillezucker
(eventuell etwas Cointreau oder Grand Marnier)
Zucker
1 Prise Salz
Mandelblättchen

Zubereitung:
Die Bananen in der Mitte durchschneiden, danach längs teilen.
In der zerlassenen Butter auf kleiner Flamme anbraten,
vorsichtig drehen. Den Orangensaft zugeben und mit den
restlichen Gewürzen abschmecken.

Zum Schluss die (eventuell vorher gerösteten)
Mandelblättchen darüberstreuen. Mit Vanilleeis servieren.

Frank meint:
Dieses umwerfende Rezept haben wir aus dem Sheraton am
Frankfurter Flughafen, in das wir von einem arabischen
Geschäftspartner meines Vaters eingeladen worden waren.
Das war ungefähr im Jahr 1980.

Dieses Rezept blieb uns in Erinnerung, weil es absolut simpel
zuzubereiten ist, aber durch die Verbindung von Banane,
Vanille, Orange und Butter einfach grandios schmeckt.

Vanilleflammeri

Zutaten für 4 Personen:
4 Eier
0,75 Liter Milch
80 Gramm Zucker
70 Gramm Speisestärke
2 Vanilleschoten
1 Prise Salz

Zubereitung:
Die Eier trennen, Eigelb mit 0,25 Liter Milch, 40 Gramm Zucker und der Speisestärke verquirlen. Die restliche Milch in einen Topf geben, die Vanilleschoten aufschlitzen und auskratzen. Vanillemark, Schoten und die Prise Salz in die Milch geben und zum Kochen bringen. Die Schoten danach herausnehmen.

Die angerührte Eigelbmischung mit dem Schneebesen in die kochende Milch rühren. Kurz und kräftig aufkochen lassen, dann den Topf vom Herd nehmen.

Die Eiweiße mit dem restlichen Zucker zu steifem Schnee schlagen. Den Topf mit der Eigelbmasse wieder auf die Kochplatte stellen, den Eischnee mit dem Schneebesen darunterrühren. Einmal kurz aufkochen lassen.

Eine Puddingform – geht auch in einer Kuchenform – (circa 1,5 Liter Inhalt) mit kaltem Wasser ausspülen und die Flammerimasse einfüllen. Das Flammeri 2–3 Stunden auskühlen lassen, dann auf einen Teller stürzen und die Form abheben.

Dazu schmeckt Waldfruchtsauce oder Himbeerpüree. Kleiner Tipp: Die Sauce lauwarm servieren.

Birgit meint:
Das Flammeri lässt sich gut vorbereiten und man hat damit
keine Arbeit mehr, wenn die Gäste da sind. Und für Gäste lohnt
sich der Aufwand mit Sicherheit. Allerdings muss man bei der
Zubereitung sehr aufmerksam sein, damit nichts anbrennt.

Vorsicht ist beim Stürzen geboten, damit sich das Flammeri
unversehrt in einem Stück aus der Form löst. Nötigenfalls mit
einem außen auf die Form aufgelegten, kalten nassen Tuch
nachhelfen.

Es ist nicht immer leicht, zu einem deutschen Menü auch einen
passenden Nachtisch zu finden. Da bietet sich dieses Flammeri
geradezu an, zumal im nächsten Rezept eine leckere Sauce
dazu beschrieben wird.

Vorschläge für weitere gute Saucen zum Vanilleflammeri
finden hier Platz:

Waldfruchtsauce / Himbeersauce

Zutaten für 4 Personen:
Früchte
Puderzucker
Himbeergeist oder Obstler
1-2 Teelöffel Speisestärke
etwas Wasser
etwas frischer Zitronensaft

Zubereitung:
Die Früchte – für die Waldfruchtsauce kann man tiefgekühlte
Ware kaufen – antauen lassen, mit ein wenig Puderzucker
abschmecken. Etwas vom Hochprozentigen dazugießen. Die
Speisestärke mit kaltem Wasser oder Fruchtsaft glattrühren.

Die Früchte in einem kleinen Topf auf den Herd stellen und kurz
erwärmen, die Speisestärke zum Abbinden angießen und
einmal aufkochen lassen. Dann nochmals abschmecken,
eventuell etwas Zitronensaft oder noch etwas Zucker
zugeben. Reste können gut wieder eingefroren werden,
deshalb achte ich nicht auf die Menge der Früchte: „Passt
scho!"

Birgit meint:
Die Sauce schmeckt gut zum Vanilleflammeri oder zur Panna
cotta – und ist obendrein hübsch anzuschauen. Außerdem ist
die Sauce gut vorzubereiten und passt sowohl zu deutschem
als auch zu südländischem Essen (siehe oben).

Ihr könnt die Obstsorten immer mal variieren. Ich nehme gerne
das gefrorene Obst „Waldfrucht" von Onkel Aldi. Es schmeckt
lecker, weil die Mischung passt, es ist einfach zu dosieren und
der Rest lässt sich gut wieder einfrieren.

Panna cotta ("gekochte Sahne"-Creme)

Zutaten für 4 Personen:
1 Vanilleschote
400 Gramm Sahne
0,2 Liter Milch
60 Gramm Zucker
2–3 Blatt weiße Gelatine (eventuell gemahlene Gelatine)

Zubereitung:
Die Vanilleschote längs aufschlitzen, das Mark herauskratzen.
Die Sahne mit der Milch, dem Vanillemark, der Vanilleschote
und dem Zucker aufkochen lassen und dann die Temperatur
zurücknehmen. Noch 10–15 Minuten schwach köcheln lassen.

Die Gelatine in kaltem Wasser einweichen (die gemahlene
Gelatine nach Anleitung einweichen), die Sahnemischung vom
Herd nehmen, die Schote entfernen, die Gelatine ausdrücken
und unter Rühren in der heißen Sahnemischung auflösen. Dann
am besten gleich in entsprechende Förmchen gießen und kühl
stellen – mindestens für 3 Stunden.

Vor dem Servieren die Förmchen in heißes Wasser tauchen und
stürzen. Schmeckt gut mit Waldfruchtsauce.

Birgit meint:
Diese Nachspeise lässt sich super vorbereiten und man hat
damit dann keine Arbeit mehr. Man kann sie auch schon am Tag
zuvor kochen. Dann aber in der Form lassen, bis die Teller
angerichtet werden.

Wer möchte, kann die Masse ebenso in eine Kastenkuchenform
gießen und am Stück lassen, dann nach dem Stürzen einfach in
Scheiben schneiden. Geht super! Natürlich auch hier die Form
vor dem Befüllen mit kaltem Wasser ausspülen.

Quittenkompott nach Großmutter-Art

Zutaten für 4 Personen:
4 Quitten
2 Glas Wasser
1 Glas Weißwein
1 fingerlanges Stück Zimt oder Ingwer
4-6 Esslöffel Zucker
1 Päckchen Vanillezucker
1 Prise Salz

Zubereitung:
Die Quitten waschen, abtrocknen, dann schälen, achteln, entkernen und in einen Topf geben.

Die Früchte mit dem Wasser, Wein, Zimt/Ingwer, Zucker und den Schalen sowie dem Kerngehäuse (wegen dem Aroma der Sauce) im geschlossenen Topf etwa 60 Minuten leicht kochen lassen. Die Quittenstücke müssen weich sein, dürfen jedoch nicht zerfallen.

Danach die weichgekochten Quitten in eine Schüssel geben, den Saft noch etwas einkochen. Den Zimt/Ingwer, ebenso die Schalen und die Kerngehäuse vor dem Servieren herausnehmen.

Frank meint:
Quitten sind fast in Vergessenheit geraten, wohl deshalb, weil sie deutlich mehr Zuwendung bei der Verarbeitung benötigen als Äpfel oder Birnen.

Frische Quitten sind mittlerweile schwer zu finden – zumindest im normal sortierten Obst- und Gemüsehandel. Gute Chancen hat der, der in einem türkischen Markt danach Ausschau hält.

Trifle

Zutaten für 4 Personen:
1 fertiger Rühr- oder Biskuitkuchen, eventuell auch Reste davon
Sherry
0,5 Liter Milch
1 Päckchen Puddingpulver, Vanille- oder Sahnegeschmack
Insgesamt 500–750 Gramm Bananen, Kiwis, Erdbeeren
1 Becher süße Sahne
Mandelblättchen

Zubereitung:
Den Kuchen in Scheiben oder Würfel schneiden, den Boden einer größeren Schüssel damit auslegen. Mit reichlich Sherry beträufeln.

In der Zwischenzeit den Pudding nach Anweisung kochen, abkühlen lassen.

Die in Scheiben geschnittenen und mit Zitronensaft beträufelten (damit sie nicht braun werden) Früchte in die Schüssel auf den Kuchen schichten. Den Vanillepudding darüber verteilen.

Dann die geschlagene, gesüßte Sahne darüber streichen und mit leicht gerösteten Mandelblättchen bestreuen.

Birgit meint:
Eine typisch englische Nachspeise. Das Rezept hat Frank 1987 bei einem Besuch aus England von Familie Cooper mitgebracht.

Wir haben es jetzt, nachdem es irgendwie bei uns für mehrere Jahre in Vergessenheit geraten war, wieder ausgegraben und reaktiviert: Meine Eltern waren überaus begeistert.

Tiramisu

Zutaten für 6 (!) Personen:
500 Gramm Mascarpone
starker Kaffee oder Espresso
3 Esslöffel Zucker
3 Eier (frisch!)
2 Packungen Löffelbiskuits
Kakaopulver
Amaretto

Zubereitung:
Also: Als erstes Espresso oder starken Kaffee kochen. In der Zwischenzeit den Mascarpone mit dem Eigelb und dem Zucker glattrühren. Die Eiweiße steif schlagen und unter die Mascarponecreme heben.

Den Espresso in eine flache Schale gießen (so, dass die Biskuits längs eingetaucht werden können). Eine Keramik- oder Glasform aussuchen, dann die Löffelbiskuits der Länge nach in den Espresso eintauchen und mit der trockenen Seite nach unten in die Form legen.

Wenn man eine geschlossene Schicht gelegt hat, die Biskuits mit Amaretto beträufeln. Ich gebe den Amaretto auf einen Esslöffel und von dort auf die Biskuits, dann hat man eine gute Kontrolle darüber, wo schon Alkohol verteilt wurde. Die Hälfte der Creme darüber streichen.

Eine zweite Schicht eingetauchter Biskuits auslegen, wieder mit Amaretto beträufeln, den Rest der Creme darübergeben und wenigsten fünf Stunden in den Kühlschrank stellen. Die Form unbedingt mit Folie abdecken. Kurz vor dem Servieren mit Kakaopulver bestäuben.

Birgit meint:
Da die Eier roh verarbeitet werden, ist es sehr wichtig, dass sie
wirklich frisch sind, damit nicht Salmonellen für eine
unangenehme Überraschung sorgen. Das wäre nicht schön
nach einem so leckeren Abschluss eines Essens ...

Übrigens habe ich auch schon die kalorienreduzierten
Varianten mit Quark – da fettärmer – und ohne Ei probiert, doch
ich muss sagen: Diese originale Version hier ist die Allerbeste!
Wenn schon, denn schon!

Tiramisu gehört schon seit langem zu meinem festen
Rezeptefundus: Schon damals, zu unserer Hochzeit im Jahr 1989,
habe ich mehrere große Keramikformen mit Tiramisu für die
Festgesellschaft gemacht.

Deine Variante kannst Du hier eintragen:

4 x Kuchen

„Das erste, was man beim Abnehmen verliert, ist die gute Laune."

(Gert Fröbe)

Umgedrehte Apfeltorte

Nussecken

Rhabarberkuchen mit Vanillepudding

Mohnkuchen mit Schmand

Umgedrehte Apfeltorte

Zutaten für eine Torte:
Für den Teig:
100 Gramm Butter oder Margarine
150 Gramm Zucker, 1 Päckchen Vanillezucker
2 Eier, 10 Tropfen Backöl Zitrone
125 Gramm Mehl, 75 Gramm Speisestärke
2 Teelöffel Backpulver

Restliche Zutaten:
750 Gramm Äpfel
50–60 Gramm Walnusskerne
30–50 Gramm zerlassene Butter
50 Gramm Zucker, ein halber Teelöffel Zimt

Zubereitung:
Aus den Zutaten einen glatten Teig rühren. Die Äpfel schälen, in
Scheiben schneiden, das Kerngehäuse entfernen. Die
Springform mit Backpapier belegen, zuerst die Walnusskerne
auf den Boden legen, darüber die Apfelscheiben. Darauf den
Teig verteilen. Circa 40–50 Minuten bei 175 Grad Celsius backen.

Wenn der Kuchen abgekühlt ist, ihn umdrehen, so dass die Äpfel
nun oben liegen. Das Backpapier vorsichtig abziehen. Aus den
restlichen Zutaten (Butter, Zucker und Zimt) einen Guss
bereiten und über die Äpfel geben. Man kann natürlich den Zimt
auch weglassen. Schmeckt wunderbar mit Sahne!

Birgit meint:
Diese Apfeltorte gehört schon lange zu Franks Lieblingskuchen,
das Rezept habe ich vor vielen Jahren von Elke F. bekommen.
Durch das Backen auf dem Kopf bleiben die Äpfel supersaftig!
Und: Die knackigen Nüsse passen einfach gut zu dem weichen
Teig.

Nussecken

Zutaten für ein Kuchenblech:
Für den Belag:
200 Gramm Butter
200 Gramm Zucker
2 Päckchen Vanillezucker
150 Gramm gemahlene Walnüsse oder Mandeln
250 Gramm gehackte Walnüsse

Für den Teig:
300 Gramm Mehl
2 Eier
1 Teelöffel Backpulver
140 Gramm Zucker
1 Prise Salz
1 Prise Zimt
130 Gramm Butter
50 Gramm Aprikosenmarmelade

Außerdem:
150 Gramm Zartbitter-Kuvertüre
eventuell zur Dekoration noch 150 Gramm halbe Walnusskerne

Zubereitung:
Für den Belag die Butter, die beiden Zuckersorten sowie 2
Esslöffel Wasser in einem Topf langsam aufkochen lassen. Dann
die gemahlenen und gehackten Walnüsse (oder die Mandeln)
unterrühren. Die Masse abkühlen lassen.

In der Zwischenzeit das Mehl mit dem Backpulver vermischen
und mit den übrigen Teigzutaten verkneten. Die Teigmasse auf
ein mit Backpapier belegtes Blech ausrollen und mehrmals
einstechen. Den Teig mit Konfitüre bestreichen.

Den Belag auf dem vorbereiteten Teigboden verteilen. Im vorgeheizten Ofen rund 30 Minuten backen (bis die Nüsse auf dem Teig karamellisieren). Auskühlen lassen.

Die Kuvertüre hacken und schmelzen (geht gut in einem Glasgefäß in der Mikrowelle) und den „Kuchen" mit einem scharfen Messer in Drei- oder Vierecke schneiden. Die Ecken der Nussecken in die geschmolzene Kuvertüre tauchen. Wer möchte, klebt noch Nusshälften in die Mitte der Nussecken.

Birgit meint:
Lecker – aber gehaltvoll!

Ungeachtet dessen ein Rezept, das schon etliche Freunde haben und nachbacken wollten ...

... weil sie einfach umwerfend schmecken, die Ecken!

Raum für Notizen:

Rhabarberkuchen mit Vanillepudding

Zutaten für ein Blech Kuchen:
für den Teig:
200 Gramm Mehl
1 Teelöffel Backpulver
100 Gramm Zucker
1 Ei
125 Gramm Margarine

für den Belag:
1 Kilogramm Rhabarber
0,15 Liter Schlagsahne
1 Päckchen Vanillepuddingpulver
3 Esslöffel Weißwein
100 Gramm Zucker
1 Päckchen Vanillezucker
2 Eier
100 Gramm Mandelblättchen
knapp 0,5 Liter Milch

Für die Streusel:
150 Gramm Mehl
75 Gramm Zucker
1 Päckchen Vanillezucker
100 Gramm weiche Butter

Zubereitung:
Alle Zutaten für den Teig in ein Rührgefäß geben und mit dem Handrührgerät (Knethaken) zu einem glatten Teig verrühren. Den Teig zu einer Kugel formen, in Frischhaltefolie wickeln und ungefähr 30 Minuten in den Kühlschrank legen.

Den Rhabarber waschen, putzen und in 2–3 cm lange Stücke schneiden. Mit 1–2 Esslöffeln Wasser in einem Topf erhitzen und wenige Minuten dünsten, danach abkühlen lassen.

Den Pudding kochen, indem man knapp 0,5 Liter Milch erhitzt. (Das Puddingpulver mit dem Zucker und dem Weißwein glattrühren). Gemeinsam kurz aufkochen und dann abkühlen lassen. In der Zwischenzeit die Sahne steif schlagen. Wenn der Pudding fast ganz abgekühlt ist, die zwei Eier unterrühren und anschließend die steifgeschlagene Sahne unterheben.

Den Teig auf einer mit Backpapier ausgelegten Springform ausrollen (26-28 cm), mit etwa einem Viertel des Teiges den Rand hochziehen, den abgekühlten Rhabarber auf den mit Mandel- oder Haselnussblättchen bedeckten Teig geben und darauf die Vanillecreme gießen.

Noch einige Mandelblättchen vor dem Backen aufstreuen oder unter die Streusel mischen. Dann in den Ofen schieben (160-180 Grad Celsius im Umluftofen) und rund 40 Minuten backen.

Wer es besonders gut meint, kann nach 15-20 Minuten noch Streusel auf die Vanillecreme geben und sie die Restzeit mitbacken lassen.

Birgit meint:
Dieses Rezept stammt in seiner Grundform von einem Kalender, ich habe es allerdings etwas abgeändert. Dort wurde kein Pudding gekocht, sondern nur das Pulver mit Weißwein glattgerührt und mit den Eiern und der Sahne vermischt auf den Rhabarber gegeben.

Im Originalrezept soll zudem an den Rhabarber kein Zucker gegeben werden – ich nehme aber trotzdem 1 Päckchen Vanillezucker und 2 Esslöffel Zucker dafür. Dafür gebe ich weniger Zucker an den Pudding.

Außerdem: Wenn man etwas weniger Milch für den Pudding verwendet, hält die Masse nach dem Backen besser und ist nicht zu weich.

Mohnkuchen mit Schmand

Zutaten für ein Blech Kuchen:
Für den Teig:
200 Gramm Mehl, ein halbes Päckchen Backpulver
125 Gramm Zucker, 125 Gramm Butter
1 Ei

Für den Belag:
0,5 Liter Milch
125 Gramm Zucker, 125 Gramm Grieß
125 Gramm gemahlener Mohn, 125 Gramm Butter
200 Gramm Schmand

Für den Guss:
200 Gramm Schmand
2 Esslöffel Zucker, 1 Päckchen Vanillezucker
2 Eier, 100 Gramm Butter

Zubereitung:
Für den Teigboden die Zutaten verkneten und in eine mit
Backpapier ausgelegte und am Rand gefettete Springform (26–
28 cm) geben. Für die Füllung Milch, Zucker, Grieß und Mohn
aufkochen, dann Butter und Schmand unterrühren, auf den Teig
geben und bei 200 Grad Celsius 45 Minuten auf der unteren
Schiene backen.

Für den Guss die Eier trennen und Eiweiß steif schlagen. Alle
anderen Zutaten mit flüssiger Butter verrühren, Eischnee
unterheben, die Masse auf den gebackenen Kuchen streichen
und bei 190 Grad Celsius weitere 15 Minuten auf mittlerer Schiene
backen.

Birgit meint:
Kein Rezept für den Sommer, aber suuuuuuuuuuuuuuperlecker.